连结员实训手册

冯春祥　王升库　主编

中国铁道出版社有限公司

2025 年·北 京

内 容 简 介

本书是以基本规章、作业标准为基础，以提升实作技能为导向，结合连结员岗位作业特点，充分融入现场实践经验编写的连结员工种实训手册。全书包括基础知识、基本技能、专业技能、体能训练等内容，同时通过事故案例，总结分析各作业环节的关键点，并对部分作业环节和作业技能以“四六句”形式进行要点概括，通俗易懂、言简意赅，便于学习记忆。

本书既可作为连结员工种实训教材使用，又可作为职工自学用书。

图书在版编目(CIP)数据

连结员实训手册/冯春祥，王升库主编．—北京：中国铁道出版社有限公司，2022.2(2025.8 重印)
ISBN 978-7-113-28508-1

Ⅰ.①连… Ⅱ.①冯… ②王… Ⅲ.①铁路行车-调车作业-技术手册 Ⅳ.①U292.2-62

中国版本图书馆 CIP 数据核字(2021)第 223146 号

书　　名：连结员实训手册
作　　者：冯春祥　王升库

责任编辑：刘　钢　　**编辑部电话：**(010)51873055
编辑助理：刘尚鹏
封面设计：郑春鹏
责任校对：孙　玫
责任印制：高春晓

出版发行：中国铁道出版社有限公司(100054，北京市西城区右安门西街 8 号)
网　　址：https://www.tdpress.com
印　　刷：北京盛通印刷股份有限公司
版　　次：2022 年 2 月第 1 版　2025 年 8 月第 5 次印刷
开　　本：880 mm×1 230 mm　1/32　**印张：**9　**字数：**215 千
书　　号：ISBN 978-7-113-28508-1
定　　价：48.00 元

前言

随着铁路新设备、新技术的不断应用，对调车作业人员的实作技能要求也越来越高。为全面提升调车作业人员实作技能，确保调车作业和人身安全，特别是新职人员能够全面地快速地掌握本岗位实作技能，我们组织重新编写了《连结员实训手册》。

本书以提升实作技能为导向，以胜任本岗位工作为目标，本着实际、实效、实用的原则，结合连结员岗位作业特点，按照不同设备、不同作业，以基本规章、作业标准为基础，充分融入现场实践经验，方便现职人员学习和新职人员培训，从实训前准备、基本技能、专业技能、特殊情况下调车作业、体能训练五个方面进行了详细阐述，同时通过具体事故案例，总结分析各作业环节的关键点，便于学员掌握实际作业关键和安全风险。本书还对部分作业环节和作业技能，以“四六句”形式进行高度浓缩概括，通俗易懂、言简意赅，便于学习记忆。本书既可作为培训教材，也可供职工自学使用。

本书根据《铁路车站行车作业人身安全规定》和《铁路调车

作业》(TB/T 30002—2020)新标准修订了相关内容,并结合培训实践完善了实训方法,增加了教学组织和练习方法内容。

本书由冯春祥、王升库主编,参加编写人员:王泉彤、岳力勋、魏树国、邹兆朗、张帅、任鹏亮、胡国进、赵庆宇、卞惠星、夏冠玺、于志力、杨天华、毛英强、王琛鹤、王煜、王海、孟昭勇、魏婷婷、孙远飞、李立新、齐喆。

本书由李虹军主审,马迎胜、李英波、潘峰、胡大欣、王鹏、李想、范洪发、薛澜、王超、王海东、张伟、肖景悦、王新、杨育强、王亭亭参加审核。

本书在编写过程中得到了多位现场职工的大力支持,在此表示衷心感谢。

由于水平有限,书中难免有不当之处,恳请广大读者批评指正。

编　者

2022 年 1 月

目录

第一章　基础知识

连结员在实作培训前，需要掌握相关知识，做好充分准备，才能较好地进行实作培训。本章主要介绍实训(作业)场设备知识、人身安全知识、作业安全知识，对调车作业中经常使用的工具进行了介绍。

第一节　站场设备

培训目标：使学员熟悉实训(作业)站场各种设备设施，掌握与之相关的作业要求，做到设备位置清，作业条件明。

教授方法：结合实训场地或作业站场，现场讲解。

教学组织：由教师组织学员现场认知站场各种设备设施，介绍其作用及相关作业办法，强化学员熟记设备设施相应位置及相关数据。

练习方法：背画实训场地或作业站场图，标记相关数据。

所需物品：防护服装、联系电台。

一、线路设备

(一)线路

主要掌握各线路用途、有效长及起止点，线路容车数(包括掌握折返信号机位置至牵出线的具体容车数)、线间距离、道口和平过道、人行过道位置，线路坡度值和变坡点位置，曲线位置及半径、难易行线、高路基窄路肩地段、各种侵限设备地点等。

1. 线路分类及用途

掌握各线用途，重点掌握装载超限货物、危险货物车辆等特殊车辆停放线路。

铁路线路分为正线、站线、段管线、岔线、安全线及避难线。

(1)正线是指连接车站并贯穿或直股伸入车站的线路。正线可分为区间正线及站内正线。连接车站的正线为区间正线，贯穿或直股伸入车站的部分为站内正线。

(2)车站内除设有正线外，还根据业务性质、运量大小及技术作业的需要，分别铺设其他配线，这些配线统称为站线，如到发线、调车线、牵出线、货物线及指定用途的其他线等。

到发线是指供列车到达、出发使用的线路。

调车线是指进行列车编组与解体作业使用的线路。

牵出线是指设在调车场的一端，并与到发线连接，专供车列解体、编组及转线等牵出使用的线路。

货物线是指专供办理货物装卸车使用的线路。

站内指定用途的其他线路，是指站内救援列车停留线、机车走行线、机车等待线、车辆站修线、轨道衡线、换装线、货车洗刷线、驼峰迂回线等。

(3)段管线是指由机务、车辆、工务、电务等段专用，并由其管理的线路。

(4)岔线是指在区间或站内接轨，通往路内外单位的专用线路。

(5)安全线是为防止列车或机车车辆从一进路进入另一列车或机车车辆占用的进路而发生冲突的一种尽头式线路。

(6)避难线是为防止长大下坡道上失去控制的列车发生冲突或颠覆，能使失控列车安全进入的线路。

2. 股道有效长

掌握各线有效长及起止点。

股道有效长：系指在线路的全长中，可以停放机车车辆而不影响信号显示、道岔转换（压中间道岔除外）及邻线行车可利用线路全长中的部分长度。

股道有效长度的起止范围由下列因素确定：

(1)有信号机时以信号机为准。

(2)无信号机时以警冲标为准。

(3)无轨道电路时，对向道岔以道岔的尖轨尖端为准；有轨道电路时，以道岔头部基本轨接头处的钢轨绝缘为准。

(4)尽头线末端以车挡为准。

根据线路用途及其连接形式，用上述各项因素就可以确定出股道有效长，如图 1-1-1 所示。

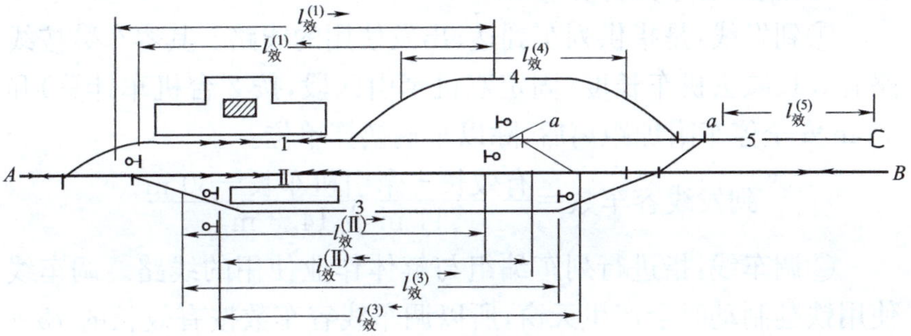

(a) 有轨道电路

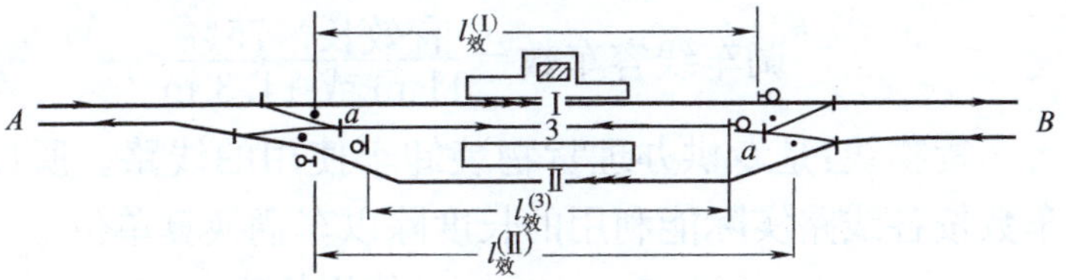

(b) 无轨道电路

图 1-1-1 股道有效长的确定

3. 股道容车数

掌握各线容车数及作业中常用折返点信号机位置至牵出线的容车辆数，会计算容车数。

(1)车辆换算单位的定义和计算

换长：是车辆换算长度的简称，又称计长，用于计算长度。

车辆的换长等于车辆全长除以 11，保留小数一位，尾数四舍五入，即换长＝车辆全长/11 m。

11 m 是换算的标准车长度，是以标记载重 30 t 四轴棚车的长度为标准。

车辆的全长：是指车辆两端的车钩在闭锁位置时，两钩舌内侧面之间的距离(m)。

(2)股道容车数计算

①到发线：是指供列车到达、出发使用的线路。其容车数按线路有效长减去机车长度(固定双机牵引区段，按 2 台机车计算)和 30 m 安全停车附加距离后，除以车辆换算单位。

$$\text{到发线容车数}=\frac{\text{有效长}-\text{牵引机车长}-30\ \text{m}}{11\ \text{m 或 }14.3\ \text{m}}$$

②调车线：指进行列车编组与解体作业使用的线路。调车线使用铁鞋制动时会产生天窗，所以调车线容车数按有效长的 75%分别除以车辆换算单位。

$$\text{调车线容车数}=\frac{\text{有效长}\times 75\%}{11\ \text{m 或 }14.3\ \text{m}}$$

③货物线：是专供办理货物装卸车使用的线路。所以货物线容车数按各线路实际能利用的长度除以车辆换算单位

$$\text{货物线容车数}=\frac{\text{使用长度}}{11\ \text{m 或 }14.3\ \text{m}}$$

未设端站台的尽头式货物线因线路末端有车挡，应留有 10 m 必要的安全距离。

$$尽头式货物线容车数=\frac{使用长度-10\ m}{11\ m或14.3\ m}$$

尽头式货物线设有端部站台的，装卸车需要使车辆与端部站台的车钩连挂在一起，计算容车数时不用减去 10 m 的安全距离。

④牵出线：是指设在调车场的一端，并与到发线连接，专供车列解体、编组及转线等牵出使用的线路。因牵出线为尽头式线路，线路末端有车挡，调车车列向牵出线牵引运行时，距车挡应保留 10 m 安全距离，所以按线路有效长减去一台调车机车长度和10 m 安全距离后除以车辆换算单位。

$$牵出线容车数=\frac{有效长-一台机车长度-10\ m}{11\ m或14.3\ m}$$

计算容车数时，小数部分均舍去，如按四舍五入方法处理，大于等于 0.5 按 1 辆计算时，得出的容车数在实际作业中就会出现该线路放不下计算容车数量的情况，轻则影响作业效率，打乱运输秩序，重则引发侧面冲突事故。

(3)最大换算容车数计算

股道最大换算容车数按下列公式计算：

$$最大换算容车数=\frac{股道有效长}{11\ m或14.3\ m}$$

11 m 是标记载重 30 t 四轴棚车的长度，由于 30 t 四轴棚车已被淘汰，按 11 m 计算股道容车数主要与计算列车计长相适应。

14.3 m 是以标记载重 50 t 的四轴棚车的长度(换长 1.3)为标准，接近我国目前货车的平均长度，故计算出的容车数近似现车数，基本符合股道的实际车数。

4. 线间距离

掌握线间距离及线路与邻近线路的设备设施间的距离。

线路间距是指两相邻线路中心线之间的距离。线路间距应能保证行车和车站工作人员工作时的安全，满足设置各项设备的需要。它通常由机车车辆限界、建筑限界、线间设备计算宽度和线间办理作业性质需要的安全余量等因素确定。线间距的大小应根据《铁路技术管理规程》(以下简称《技规》)有关规定确定。

站内正线间线路中心线距离不得少于 5 000 mm,是考虑正线通行超限货物列车,采用建筑限界半宽度 2 440 mm,并考虑相邻线安装有信号机的限界(2 150 mm),加上信号机的最大宽度 410 mm,即:2 440+2 150+410=5 000 mm。

站内相邻两线均需通行超限货物列车的线间距不得少于 5 300 mm。根据《技规》第 70 条的规定,色灯信号机应采用高柱信号机,其值为建筑限界半宽度 2 440×2 mm,加上信号机最大宽度 410 mm,即:2 440×2+410=5 290≈5 300 mm。

邻近线路的一切设备设施(如仓库、站台等)设置位置,要符合建筑限界要求,如果不满足限界要求,就会对作业人员的人身安全构成威胁,所以对侵入限界的设备设施的位置必须清楚。

5. 坡度

熟悉各线坡度,掌握各线防溜措施和相关线路作业限制,手推调车线路还要重点掌握超过 2.5‰坡度的变坡点位置。

坡度是指一段线路两端的高度差与水平距离的比值。比如 1 000 m 的线路,一端比另一端高 2.5 m,那么该线路就是 2.5‰坡度线路,不同的坡道对停留车辆的防溜措施、溜放作业和接管作业都有不同的限制。

机车车辆停留时,按照停留车实际停留地点坡度,按规定采取防溜措施;手推调车时,按移动距离内的实际坡度掌握是否可以手推调车,超过 2.5‰坡度时禁止手推调车;若机车车辆停留的地点、手推调车实际移动的距离内,有多个坡度区段时,按最大坡度掌握;一条线路内有多个坡度时,平均坡度超过 2.5‰时,该线路禁止溜放(为溜放而设的驼峰和牵出线除外)。

(二)道岔

道岔是一种使机车车辆能从一股道转入或越过另一股道的线路连接设备，大量铺设在车站内，以满足各种作业需要，最常见的是普通单开道岔。

1.普通单开道岔

普通单开道岔由转辙器、辙叉及护轨、连接部分所组成，如图1-1-2所示。

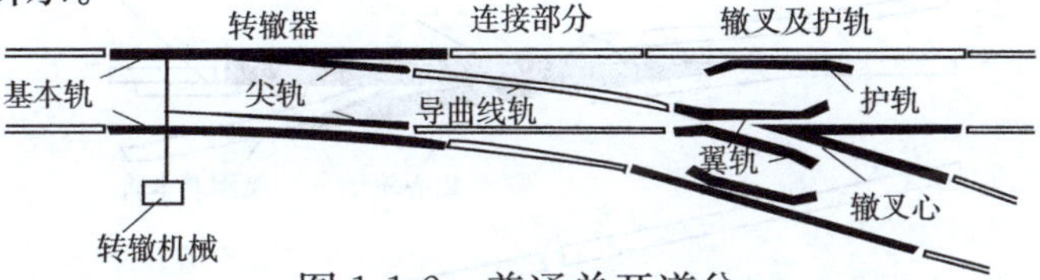

图1-1-2　普通单开道岔

(1)转辙器

转辙器由两根尖轨、两根基本轨和转换组成。尖轨是转辙器的主要部件，通过转换设备可使两侧尖轨分别处于密贴或斥离位置，以确定道岔的开通方向。

(2)辙叉及护轨

辙叉及护轨包括辙叉心、翼轨及护轨。其作用是保证车轮安全通过两股轨线的相互交叉处。

固定型辙叉从两翼轨最窄处到辙叉心实际尖端之间，存在着一段轨线中断的空隙，叫作辙叉的有害空间。当机车车辆通过辙叉有害空间时，轮缘有走错辙叉槽而引起脱轨的可能，因此，必须设置护轨，对车轮的运行方向实行强制性的引导。

为了消灭有害空间，减轻车轮对翼轨和心轨的冲击，适应列车高速运行的要求，国内外都发展了各种可动心轨道岔。一般来说，辙叉心轨和尖轨是同时被扳动的，当尖轨开通某一方向时，可动心轨的辙叉心轨就与开通方向一致的翼轨密贴，与另一翼轨分开，从而消灭了有害空间。可动心轨辙叉的基本结构组成和各部名称如图 1-1-3 所示，它是由长心轨、短心轨拼装成的可动心轨和翼轨、叉跟基本轨、帮轨等组合而成，此种辙叉利用心轨可摆动与翼轨密贴的特征，消除了有害空间，不仅避免了车轮对心轨和翼轨冲击，而且提高了列车直向过岔速度，广泛用于高速铁路上。

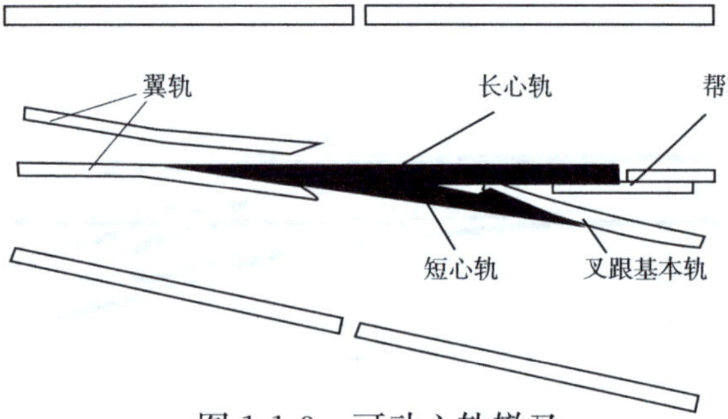

图 1-1-3　可动心轨辙叉

(3)连接部分

在单开道岔中，连接前端转辙器与后端辙叉及护轨部分的线路称为道岔连接部分。在单开道岔中，主线为直股，侧线为曲股。小号码道岔导曲线一般为圆曲线型，大号码道岔为圆曲线与缓和曲线组合线型。在导曲线上设置少量超高，对防止出现反超高和保持轨距等有利。但由于道岔导曲线较短，没有足够的超高递减距离，因此一般不设超高。

2.道岔号数及道岔定反位

(1)道岔号数

道岔因其辙叉角的大小不同，有不同的道岔号(N)。道岔号数是用辙叉角(α)的余切值来表示的，辙叉角越小，N 值就越大，导曲线半径也越大，机车车辆侧线通过道岔时就越平稳，允许的侧线过岔速度也就越高。所以，采用大号码道岔对于列车运行是有利的。然而，道岔号数越大，道岔全长就越长，铺设时占地就越多。因此，采用几号道岔来连接线路，要根据线路的用途来决定。

目前，我国铁路的主要线路上大多使用 9、12、18 号道岔，它们所允许的侧向通过速度分别为 35 km/h、45 km/h、80 km/h。

(2)道岔定反位

每组道岔有两个开通位置。道岔除使用、清扫、检查或修理时经常向某一线路开通的位置规定为定位，反之则为反位。

3. 其他类型道岔与交叉设备

除了普通单开道岔以外，按照构造上的特点及所连接的线路数目，还有对称双开道岔、对称三开道岔、复式交分道岔和菱形交叉等，如图 1-1-4 所示。

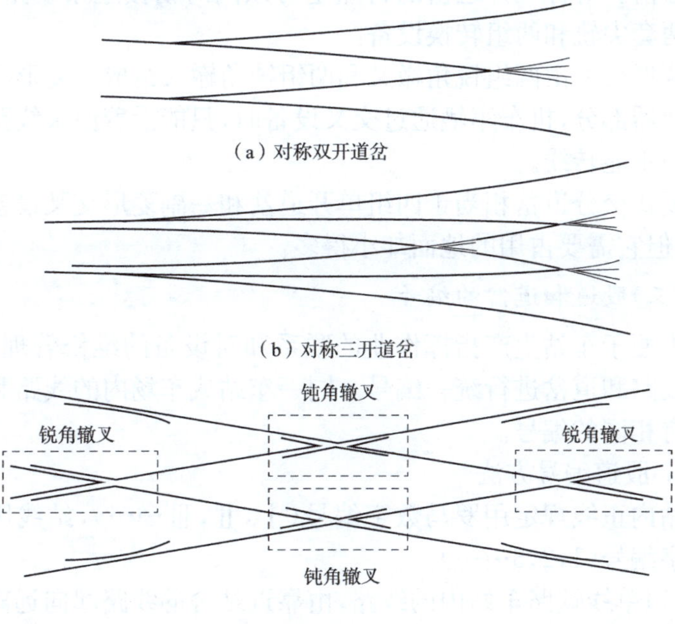

(a) 对称双开道岔

(b) 对称三开道岔

(c) 菱形交叉

图 1-1-4

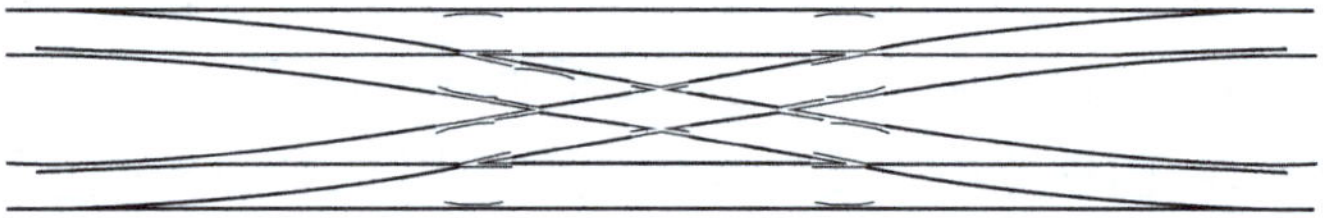

（d）交叉渡线

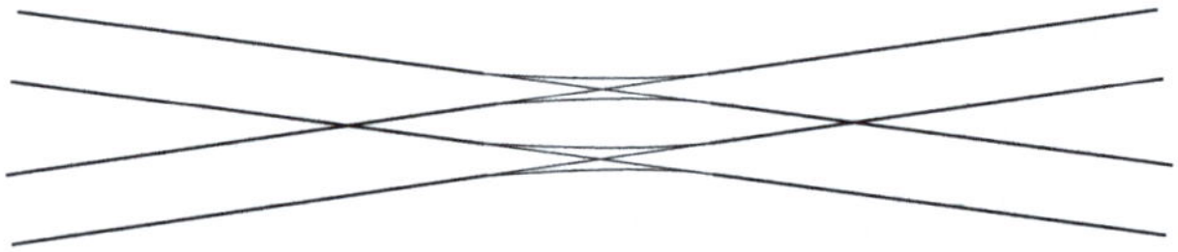

（e）复式交分道岔

图 1-1-4 其他常用道岔与交叉设备

对称双开道岔的特点是与道岔相衔接的两条线路各自向两侧对称分岔。对称三开道岔的特点是可以同时衔接三条线路，所以具有两套尖轨和两组转换设备。

菱形交叉由两组锐角辙叉和两组钝角辙叉组成。菱形交叉没有转辙器部分，机车车辆通过交叉设备时，只能沿着原来线路继续运行而不能转线。

复式交分道岔相当于四组单开道岔和一副菱形交叉设备的结合体，但它需要占用的地面却小得多。

（三）股道和道岔的编号

为便于车站生产指挥作业的联系和对设备的维修管理，应对站内线路和道岔进行统一编号。同一车站或车场内的线路和道岔不得有相同的编号。

1. 股道编号方法

站内正线规定用罗马数字编号（Ⅰ，Ⅱ，Ⅲ……），站线用阿拉伯数字编号（1，2，3……）。

（1）单线铁路车站内的线路，由靠近站舍的线路起向远离站舍方向顺序编号；位于站舍左、右或后方的线路，在站舍前的线路编完后，再由正线方向起，向远离正线顺序编号，如图 1-1-5 所示。

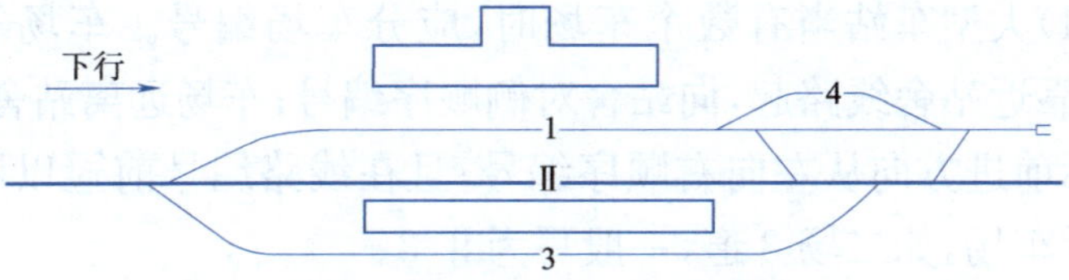

图 1-1-5　单线铁路车站股道编号

(2)双线铁路车站内的线路,从正线起按列车运行方向分别向外顺序编号,上行编双数,下行编单数,如图 1-1-6 所示。

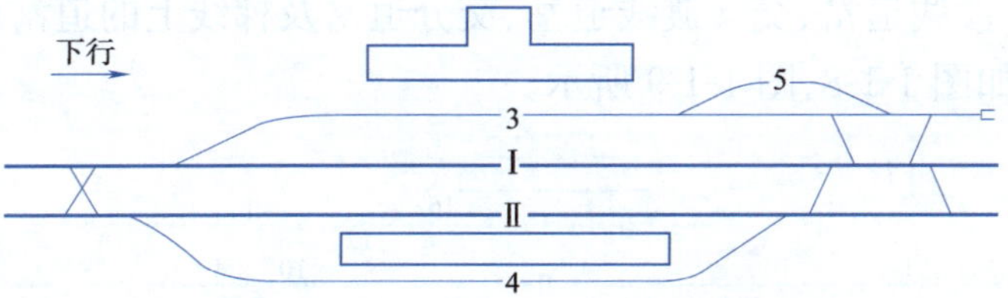

图 1-1-6　双线铁路车站股道编号

(3)尽头式车站,站舍位于线路一侧时,从靠近站舍的线路起,向远离站舍方向顺序编号,如图 1-1-7(a)所示;站舍位于线路终端时,面向终点方向由左侧线路起顺序向右编号,如图 1-1-7(b)所示。

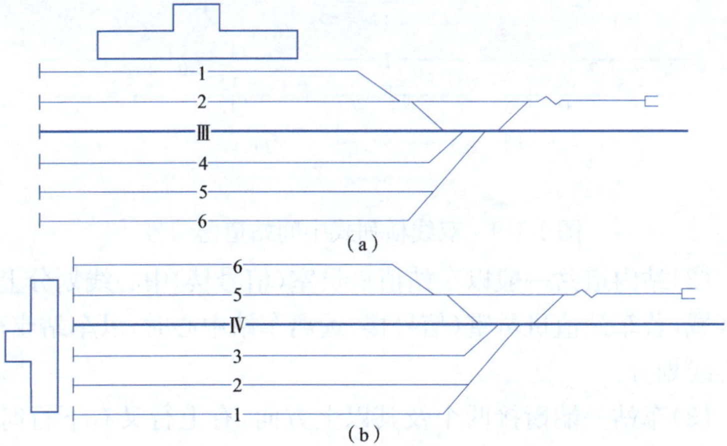

图 1-1-7　尽头式铁路车站股道编号

(4)大型车站当有数个车场时,应分车场编号。车场靠站舍时,从靠近站舍线路起,向站舍对侧顺序编号;车场远离站舍时,顺公里标前进方向从左向右顺序编号;且在线路编号前冠以罗马数字表示车场,如二场 3 道,一般写为Ⅱ-3。

2. 道岔编号方法

(1)从车站两端用阿拉伯数字,由外向内,先主要进路,后次要进路依次编号。上行列车到达端编为双数,下行列车到达端编为单数。渡线道岔、交叉渡线道岔、交分道岔及梯线上的道岔应连续编号,如图 1-1-8、图 1-1-9 所示。

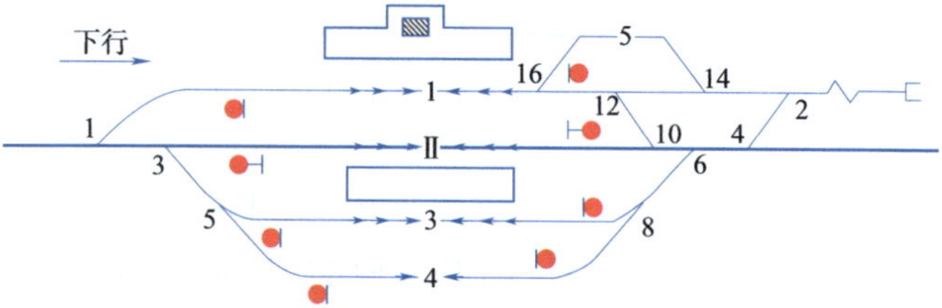

图 1-1-8　单线横列式中间道岔编号

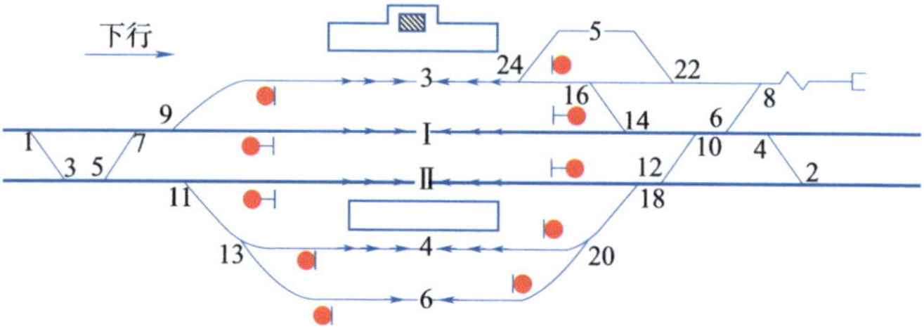

图 1-1-9　双线横列式中间站道岔编号

(2)站内道岔一般以车站值班员室(信号楼)中心线划分上、下行区域,若车站值班员室(信号楼)远离车站中心时,以车站或车场中心线划分。

(3)车站一端衔接两个及其以上方向,有上行又有下行时,应按主要方向编号。

(4)尽头式车站，向线路终点方向顺序编号。

(5)大型车站当有数个车场时，每一车场的道岔应单独编号，道岔号码可使用三位数字，百位数字表示车场号码，十位和个位数表示道岔编号，如一场下行方向第 1 号道岔，编为 101 号；如车场一端的道岔超过 50 组时，用千位数往下编，千位数表示车场号码，如一场的第 1 号道岔，编为 1001 号，一场的第 100 号道岔，编为 1100 号。

(6)联锁区内的道岔号码应连续编排，在联锁道岔编完后，再编非联锁道岔。

【要点概括】

线岔数据要记清，道口隔开位置明；

坡度曲线难易行，侵限处所记心中。

二、信号设备

熟悉现场信号机设置位置，掌握转场、转线折返地点的信号机位置。重点掌握设置在右侧的信号机及作业场所被建筑物和设备遮挡的信号机，掌握调车信号机及表示器显示方式及意义，掌握实训站场信号设备联锁条件。

(一)调车有关信号机设置及显示

信号机原则上设在车列运行方向的左侧或其所属线路的中心线上空，因条件限制，个别设于右侧。

信号机显示的方面为该信号机的前方，反之为该信号机的后方。信号机所防护的方面为内方，反之为外方。

1. 调车色灯信号机

设置要求：

调车信号机是根据车站调车作业的实际需要而设置的，其设置原则是最大限度满足调车作业需要，尽量缩短机车车辆走行距离，最大限度满足车站站内平行作业的要求，以提高车站作业效率。

显示方式及意义：

一个月白色灯光——准许越过该信号机调车(图 1-1-10)；

图 1-1-10

一个月白色闪光灯光——装有平面溜放调车区集中联锁设备时，准许溜放调车(图 1-1-11)；

图 1-1-11

一个蓝色灯光——不准越过该信号机调车(图 1-1-12)。

图 1-1-12

不办理闭塞的站内岔线,在岔线入口处设置的调车信号机,可用红色灯光代替蓝色灯光(图 1-1-13)。

图 1-1-13

2. 调车色灯复示信号机

设置要求:

设在车站岔线入口处的调车色灯信号机,达不到规定的显示距离时,根据需要可设调车复示信号机。

显示方式及意义:

一个月白色灯光——表示调车信号机在开放状态(图 1-1-14);

无显示——表示调车信号机在关闭状态。

图 1-1-14

3. 驼峰色灯信号机

设置要求:

驼峰信号机是指挥调车机车进行推送车列解体的色灯信号机,驼峰信号机设于驼峰调车场最高点(即驼峰峰顶处)。

显示方式及意义:

一个绿色灯光——准许机车车辆按规定速度向驼峰推进(图 1-1-15);

一个绿色闪光灯光——指示机车车辆加速向驼峰推进(图 1-1-16);

一个黄色闪光灯光——指示机车车辆减速向驼峰推进(图 1-1-17);

一个红色灯光——不准机车车辆越过该信号机或指示机车车辆停止作业(图 1-1-18);

图 1-1-15

图 1-1-16

图 1-1-17

图 1-1-18

一个红色闪光灯光——指示机车车辆自驼峰退回(图 1-1-19)；

一个月白色灯光——指示机车到峰下(图 1-1-20)；

一个月白色闪光灯光——指示机车车辆去禁溜线或迂回线(图 1-1-21)。

图 1-1-19

图 1-1-20

图 1-1-21

4. 驼峰色灯信号机的复示信号机

设置要求：

驼峰色灯信号机的显示距离不能满足推峰作业要求时，根据需要可装设驼峰色灯复示信号机。

显示方式及意义：

驼峰色灯信号机的复示信号机平时无显示（图 1-1-22）；当办理驼峰推送进路后，其显示方式与驼峰色灯信号机相同。

图 1-1-22

5. 驼峰色灯辅助信号机

设置要求：

当调车场与到达场成纵列布置时，到达场的到发线上可设置驼峰辅助信号机。

显示方式及意义：

驼峰色灯辅助信号机显示一个黄色灯光——指示机车车辆向驼峰预先推送（图 1-1-23）；当办理驼峰推送进路后，其灯光显示均与驼峰色灯信号机显示相同。

驼峰色灯辅助信号机平时显示红色灯光，对列车起停车信号作用。

驼峰色灯辅助信号机，可兼作出站或发车进路信号机，并根据需要装设进路表示器。

图 1-1-23

6. 驼峰色灯辅助信号机的复示信号机

设置要求：

辅助信号机的显示距离不能满足推峰作业要求时，根据需要可再装设驼峰色灯复示信号机。

显示方式及意义：

驼峰色灯辅助信号机的复示信号机平时无显示（图 1-1-24）；当办理驼峰推送进路或驼峰预先推送进路后，其显示方式与驼峰色灯辅助信号机相同。

（二）表示器设置及显示

1. 道岔表示器

图 1-1-24

非集中操纵的接发车进路上的道岔，装设道岔表示器，集中操纵的道岔、调车场及峰下咽喉的道岔，不装设道岔表示器；其他道岔根据需要装设道岔表示器。

集中联锁调车区进行连续溜放作业的分歧道岔，设道岔表示器。

非集中操纵的接发车进路上的道岔（非集中操纵的联锁道岔）装设的道岔表示器显示方式如下：

昼间无显示；夜间为紫色灯光——表示道岔位置开通直向（图 1-1-25）。

图 1-1-25

昼间为中央划有一条鱼尾形黑线的黄色鱼尾形牌；夜间为黄色灯光——表示道岔位置开通侧向（图 1-1-26）。

图 1-1-26

无联锁道岔表示器显示方式如下：

昼间无显示；夜间为紫色灯光——表示道岔位置开通直向（图 1-1-27）。

图 1-1-27

昼间为中央划有一条鱼尾形黑线的黄色鱼尾形牌；夜间为黄色灯光——表示道岔位置开通侧向（图 1-1-28）。

在调车区为集中联锁时，进行连续溜放作业的分歧道岔应有道岔表示器，平时无显示，当进行溜放作业时，其显示方式如下：

紫色灯光——表示道岔开通直向（图 1-1-29）；

黄色灯光——表示道岔开通侧向（图 1-1-30）。

图 1-1-28

图 1-1-29

图 1-1-30

2. 股道表示器

股道表示器是调车作业防止因进路不对、道岔不密贴造成挤岔子和脱线事故的调车保安设备。

设置要求：

设非集中联锁道岔的岔线、段管线及其走行线上的非集中分歧道岔均须安装股道表示器；非集中联锁区多股道的调车场(客车库)应安装设有数码盘式的股道表示器。

单组道岔设置的单架股道表示器原则上应安设在道岔曲股线路的外侧易于瞭望的地点。股道表示器数码盘的数字显示辐射角度为 30°～150°，灯光及数字显示距离必须大于 200 m。

显示方式及意义：

单组道岔设置的单架股道表示器显示方式为二色灯光双向显示，道岔位置开通直向为一个月白色灯光，道岔位置开通侧向为一个黄色灯光(图 1-1-31)。

图 1-1-31　单组道岔股道表示器

设有数码盘的股道表示器数码盘采用双向数字显示，白天为红色数字，夜间自动转为黄色数字，数码盘数字显示滞后时间小于 0.2 s，数码盘中的显示数字表示进路开通的股道(图 1-1-32)。

图 1-1-32　数码盘式股道表示器

3. 脱轨表示器

设置要求：

集中联锁以外的脱轨器及引向安全线或避难线的道岔，设脱轨表示器。

显示方式：

带白边的红色长方牌及红色灯光——表示线路在遮断状态（图 1-1-33）；

带白边的绿色圆牌及月白色灯光——表示线路在开通状态（图 1-1-34）。

图 1-1-33　脱轨器(遮断状态)

图 1-2-34　脱轨器(开通状态)

4. 调车表示器

设置要求：

在作业繁忙的调车场上，因受地形、地物影响，调车机车司机看不清调车指挥人的手信号时，应在易于调车机车司机瞭望的地点设调车表示器。

显示方式：

向调车区方向显示一个白色灯光——准许机车车辆自调车区向牵出线运行（图 1-1-35）；

向牵出线方向显示一个白色灯光——准许机车车辆自牵出线向调车区运行（图 1-1-36）；

图 1-1-35

图 1-1-36

向牵出线方向显示两个白色灯光——准许机车车辆自牵出线向调车区溜放(图 1-1-37)。

图 1-1-37

5. 车挡表示器

设置要求：

车挡表示器设置在线路终端的车挡上。安全线及避难线车挡可不设置车挡表示器。

显示方式：

昼间一个红色方牌；夜间显示一个红色灯光(图 1-1-38)。

图 1-1-38

(三)信号联锁

掌握站场内道岔、进路、轨道电路、信号机之间的联锁条件。

列车和调车车列在站内运行必须依据信号机开放的显示条件来进行，即每条进路必须有相应的信号机来防护，信号机的显示与所建立的进路相符合。如进路上的轨道区段有车占用，或道岔位置不正确，进路不能建立，有关的信号机不许开放；信号开放后，其所防护的进路不能变动，该进路上的道岔不得再转换，与此进路有关联的其他信号不能再开放。

1. 进路与道岔之间的联锁

(1)建立进路对道岔的要求

建立一条进路时，与进路相关的道岔锁闭在规定位置才能开放信号，如果与进路相关道岔开通位置不对，不许开放信号。信号开放后，与进路相关道岔必须被锁闭在规定位置，进路解锁前道岔不许转换。

(2)防护道岔和带动道岔

对于一条进路，不仅进路之内的道岔与其相关，有时进路之外的道岔也与该进路有关，建立进路时，这些道岔也要转换和锁闭，下面分别介绍：

①防护道岔

为了保证作业安全，建立一条进路时，有时要求进路之外的某一道岔必须锁闭在规定的位置，称这种道岔为防护道岔。

经由交叉渡线的一组双动道岔反位排列进路时，应使与其交叉的另一组双动道岔防护在定位。

②带动道岔

在电气集中车站，如果两道岔位于同一区段，经其中一组道岔建立进路时，即使不经过另一组道岔，该道岔也受锁闭，即同一区段的道岔同时锁闭。为了满足平行作业的需要，排列进路时还需把其他不在进路上的有关道岔带动到规定位置，称这种道岔为带动道岔。除非进路调车等特殊作业外，带动道岔一般均为双动(或三、四动)道岔。

必须注意，防护道岔与带动道岔不同，虽然二者都是进路之外的道岔，但其含义不同，对其要求也不同，防护道岔是为了保证作业安全，对其必须进行联锁条件的检查，防护道岔不在防护位置，进路不能建立，信号不许开放。带动道岔是为了提高作业效率，能带动到规定位置就带动，带动不到(若它还被锁闭)也不影响进路的建立。即使带动道岔位置不对，也不该影响信号开放。

2. 进路与进路之间的联锁

(1)抵触进路

建立一条进路时，另外一条进路与该进路有重叠部分，但是如果两进路经过的道岔位置不同，即使不加以防护也不会发生危险，因为两进路不可能同时建立。一般把道岔位置能够区分，不可能同时建立的两条进路称为抵触进路。如举例站场中，上行Ⅱ股道发车进路(检查 27 号道岔定位)与下行反方向 4 股道接车进路(检查 27 号道岔反位)就互为抵触进路，因为 27 号道岔不可能同时即在定位又在反位，因此两进路不可能同时建立。

(2)敌对进路

用道岔位置无法区分，但同时建立有可能发生危险的两条进路互为敌对进路。例如举例站场中，下行至Ⅰ股道接车进路和由Ⅰ股道向北京方面的反方向发车进路就是两条互为敌对的进路。为保证作业安全，建立一条进路前，应检查与该进路相敌对的进路均未建立，该进路建立后，与该进路敌对的进路必须锁闭在未建立状态。即在任意时刻敌对进路必须互相照查，不得同时建立。

一些特殊情况的对向调车进路允许同时建立：两个咽喉区向同一到发线上同时调车，这样的两条进路是对向重叠的，按照敌对进路的定义似乎属于敌对进路，但由于到发线较长，为了提高作业效率，允许同时建立，不做敌对进路处理。

需要注意，在咽喉区内两端同时向同一无岔区段调车则属于敌对进路。

3. 进路与信号机之间的联锁

前面介绍的进路与进路之间的联锁关系，似乎比较简单直观，但在站形较复杂的电气集中车站检查敌对进路是很复杂的。由于任何一条进路都有信号机防护，当建立一条进路时，如果能保证该进路的敌对进路的防护信号机不开放，自然就排除了敌对进路建立的可能，因此下面介绍进路与信号机之间的联锁。

(1)敌对信号

建立一条进路时，用道岔位置无法区分，但又不允许开放的信号即为敌对信号。在了解敌对进路的概念后，实际上所谓敌对信号也可理解为就是敌对进路的防护信号。检查了敌对信号未开放，也就防止了敌对进路的同时建立。

为保证作业安全，建立一条进路，如果该进路的敌对信号未关闭时，防护该进路的信号机不能开放。否则可能造成列车或调车车列的冲突。信号开放后，与该进路的敌对信号也必须被锁闭在关闭状态，不能开放。

需要注意，道岔位置能够区分的抵触进路的防护信号不属于敌对信号。

(2)条件敌对信号

在较复杂的站场，建立一条进路时，进路之外的某一信号机，有时不允许其开放，即为敌对信号；有时又允许其开放，即为非敌对信号；称这样的信号为条件敌对信号。

4. 进路与轨道区段之间的联锁

联锁条件要求，建立一条进路时，必须检查有关轨道区段空闲时才能开放信号，否则会造成列车或调车车列的冲突。信号开放的过程中，必须始终监督有关区段空闲。

5. 侵限绝缘

侵限绝缘是指轨道绝缘距警冲标位置小于 3.5 m 时，该绝缘称为侵限绝缘。侵限绝缘轨道区段有车占用将影响相应邻线进路信号开放，遇有侵限绝缘区段线路作业时，必须认真检查确认停留的机车车辆未占用侵限绝缘区段，且无移动占用侵限绝缘区段可能情况，防止影响邻线开放信号和邻线机车车辆运行与侵限车辆发生冲撞(图 1-1-39)。

由于侵限绝缘距警冲标小于 3.5 m，当车辆刚刚越过侵限绝缘在线路停留时，因车辆的最外方车轮距车辆端部尚有一段不大于 3.5 m 的长度，所以其车辆边缘可能侵入邻线的机车车辆限界，不能保证邻线行车安全。

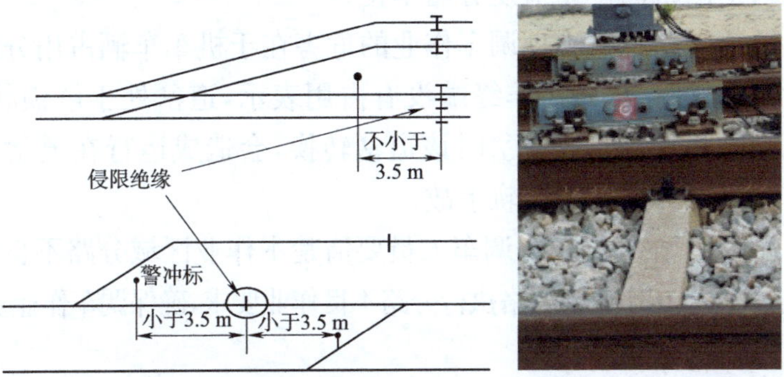

（a）侵限绝缘位置示意图　（b）侵限绝缘标记

图 1-1-39　侵限绝缘

6. 轨道电路分路不良区段位置

轨道电路普遍采用闭路式，闭路式轨道电路是以铁路线的两根钢轨为导体，通过钢轨绝缘、钢轨接续线、引接线、送电设备、受电设备构成的闭合回路。

当轨道未被机车车辆占用时，受电设备轨道继电器处于吸起状态，空闲表示电路接通，信号操作终端该轨道区段无显示，轨道电路处于空闲状态。

当轨道被机车车辆占用时，车轮将两根钢轨短路，大部分电流被列车轮对分路，受电设备轨道继电器线圈电流减少，轨道继电器落下，占用表示电路接通，信号操作终端该轨道区段显示红光带，轨道电路处于占用状态。

轨面有异物、车轮踏面或轨面生锈等情况机车车辆占用时，会造成被轮对分路电流减少，轨道继电器线圈电流减少幅度减小，轨道继电器会出现不落下情况，这种情况称为轨道电路分路不良。

轨道电路分路不良的产生有多种原因，如轨面落异物（沙子、面粉等)、轨面或车轮踏面生锈、轨面或车轮踏面有油污等。最常见原因是因轨面生锈引发分路不良。

轨道电路分路不良调车作业的危害在于机车车辆占用分路不良区段道岔时,信号操作终端没有占用表示,道岔处于解锁状态,一旦操纵相关进路或道岔时该道岔转换,会造成运行在道岔上的机车车辆挤坏道岔或脱轨事故。

所以,车站的行车和调车人员要清楚本作业区域分路不良区段的位置,便于在作业中严格执行分路不良作业要求,确保调车作业安全。

(四)信号机编号

1. 进站信号机。进站信号机的命名按列车运行方向进行,上行用 S 表示,下行用 X 表示。

有几个方向线路时,在字母右下角加线路名拼音字头,如 X_C;双线自动闭塞区间的反向进站信号机,在字母右下角加 F 或 N,表示反向或逆向,如 S_F,X_N。

若在同一方向有几条线路引入,出现并置的进站信号机时,则应加缀区间线路名称(单方向可不加)或顺序号。

2. 出站信号机。出站信号机按列车运行方向命名,上行用 S 表示,下行用 X 表示,在字母右下角加上股道号,如 $S_{Ⅱ}$、X_3 等。线群出站信号机应加上所属线群的股道号,如 $S_{4\text{-}9}$。有多车场时,先加车场号,再在右下角加以股道号,如 $S_{Ⅰ2}$、$X_{Ⅱ4}$。

3. 进路信号机。进路信号机在 S 或 X 的后面加 L 表示进路信号机,再在 L 的右下角缀上所在股道号,如 XL_3。当有并置或连续布置的接车进路信号机,则在其右下角加顺序号,如 SL_2、SL_4、XL_1、XL_3 等(上行用双数,下行用单数)。

发车进路信号机按列车运行方向命名,上行用 S,下行用 X 表示,并在 S 或 X 右下角先加车场号,再加股道号。如Ⅰ场的下行 2

股道发车信号，信号机为 X_{I2}；Ⅱ场上行 4 股道发车进路信号机为 S_{II4}。

4. 调车信号机。调车信号机的命名，以 D 表示，再在右下角缀上顺序号。调车信号机从车站两端进站方向向股道顺序编号，上行咽喉区编为双号，下行咽喉区编为单号。

【要点概括】

信号位置要记明，侵限设备勿剐碰；
调车信号是命令，显示意义记心中；
红蓝灯光把车停，灭灯错显为红灯；
其他显示可运行，速度方向要分清。

三、其他设备

熟悉线路道口、平过道、驼峰、装卸机具、高低站台、大门、照明等设备设置处所及状态情况，掌握相关作业条件或限制。

(一)铁路道口、平过道、人行过道

熟悉铁路道口、平过道位置和防护措施，掌握经铁路道口、平过道作业相关规定。

道口是指在铁路线路上铺面宽度在 2.5 m 及以上，直接与道路贯通的平面交叉。

平过道是指在车站、货场、厂(场)区范围内，专为内部作业使用，不直接与道路贯通的平面交叉。平过道铺面宽度应不小于 2.5 m，但只为工作人员走行的铺面宽度为 1.0～1.2 m。

人行过道是指在铁路线路上铺面宽度在 2.5 m 以下，直接与道路贯通的平面交叉。其中：城市人行过道的宽度一般为 0.75～1.5 m，乡村人行过道的宽度一般为 0.4～1.2 m。人行过道禁止畜力车、机动车通行。

(二)驼峰调车设备

了解驼峰设备,掌握影响驼峰解散车辆走行的因素。

驼峰是利用车辆的本身重力和驼峰的高度,辅以机车推力来解散车列的一种调车设备。

驼峰是设在编组站、区段站的到达场(牵出线)和调车场两者之间,主要由推送部分、溜放部分及峰顶平台三部分组成如图1-1-40所示。

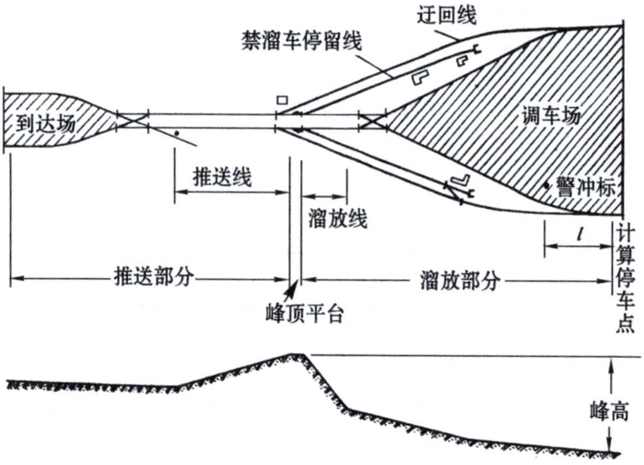

图 1-1-40　驼峰组成图

影响驼峰解散车辆走行的因素:

车辆或车组的走行性能,取决于车辆各部件的状态及油润情况,还取决于车种、车型、载重、气候条件及线路状况等。

1. 车辆或车组的走行性能。根据车辆走行阻力的大小可分为易行车、中行车和难行车。

易行车是惰力大、运行阻力小的车辆。如装载油、钢、煤、粮等重质货物的车辆。

难行车是惰力小、运行阻力大，行走比较困难的车辆。如空车及装载轻浮货物的车辆。

中行车居于难、易行车之间，阻力接近平均值。

2. 线路运行阻力。根据线路阻力的大小，可将调车线分为难行线和易行线。

难行线是经过道岔多、曲线多，或者线路内溜行方向为上坡（反坡），阻力较大，车辆溜行比较困难的线路。

易行线是经过道岔、曲线较少，或线路内溜行方向为下坡（顺坡），阻力小，车组容易溜行的线路。

3. 车组大小。一般是小组车溜行快，大组车溜行慢。因为大组车互相牵制，互相阻碍产生很大的阻力，车组加速缓慢。

一般规定为：

大组车——7 辆及其以上的车组；

小组车——1～6 辆的车组。

4. 气温、风向和风力。低温时轴油凝固，影响走行；逆风时车辆走行的阻力显著增加，溜行减速较快；顺风时阻力小，甚至起加速作用。

（三）装卸机具

装卸机具主要是指龙门吊、汽车吊车、叉车、挖掘机、铲车、输送机等（图 1-1-41）。调车组人员应了解各作业地点装卸机具的作业特点和影响范围。机车车辆需经过有龙门吊的线路调车作业时，必须确认龙门吊已停止作业，吊钩提升到安全高度后，方可作业，防止龙门吊意外动作危及人身和作业安全。龙门吊作业时，禁止在龙门吊吊钩作业范围内下方走动停留。发现各种装卸机具侵限时，应及时通知相关人员清理，符合规定距离后方可作业。货场、专用线、段管线取送车作业时，要随时注意以上装卸机具的动态，线路旁有机动车靠近线路停留时应要求其熄火或告知其不许动车，无法通知时，应在地面作业，随时注意机动车动向，防止机动车突然向线路方向动车造成人身伤害或刮碰机车车辆。

图 1-1-41　各种装卸机具

（四）站台

旅客站台分为低站台、高站台，低站台高度为 300 mm、500 mm，高站台高度为 1 250 mm。货物站台（图 1-1-42）的高度为 900～1 100 mm。在高度超过 1.1 m 的站台上作业时，必须停车上下。现在有的站段要求货物站台侧和低货位（图 1-1-43）侧不准作业，主要是考虑向高站台侧推进时，领车人员站在低于站台位置的车梯上领车，进入高站台时发生人身伤害；低货位主要是考虑经常有铲车、卸煤机作业，容易刮碰调车人员，调车人员发现危及安全情况跳车避险时，由于落脚点过低易造成人身伤害。

（五）大门

货物线、专用线、段管线一般都设有大门，大门有折叠式、电动轮式、卷帘式大门等（图 1-1-44），作业人员应掌握各作业线路大门数量和位置，无论是哪种大门，作业前必须提前开启大门，保证大门全部开启、不侵限，检查挂钩挂牢、卷帘高度符合规定，不能提前检查时，应在大门前停车进行检查。

图 1-1-42 高站台

图 1-1-43 低货位

（a）折叠式大门 （b）电动轮式大门 （c）卷帘式大门

图 1-1-44 大门

（六）照明

现场照明一般有灯塔（图 1-1-45）和灯桥（图 1-1-46）两种，夜间作业时，现场应开启照明设备，方便现场作业。发现作业场所没有开启照明时，应及时联系调车领导人通知相关部门开启照明。

图 1-1-45 灯塔

图 1-1-46 灯桥

(七)调速设备

目前,铁路调车工作中常用的调速工具有车辆减速器、加减速顶、减速顶、停车器、绳索牵引推送小车、人力制动机等。

1. 车辆减速器

车辆减速器(图 1-1-47)是半自动化和自动化驼峰的主要调速设备。我国目前广泛采用的是钳夹式车辆减速器。安装在驼峰头部咽喉区,调速能力较强。钳夹式车辆减速器对车辆施行制动是借助于车轮两侧制动轨(夹板)上的水平方向制动力对车轮的压力而产生摩擦力。

图 1-1-47 车辆减速器

禁止通过车辆减速器制动的车辆主要有:油(漆、盐)轮车、薄轮车、会刷碰限界检查器的车辆等。

【教师重点强调禁止通过车辆减速器制动的车辆及原因】

2. 加、减速顶

加、减速顶（图 1-1-48、图 1-1-49）安装在钢轨上，是以液压油和弹性体为介质，通过滑动油缸帽头与车轮接触对溜放车辆起制动、加减速作用，无须外部能源的调速设备。减速顶安装在调车场线路钢轨一侧，对超过规定速度的车辆起制动作用，低于规定速度的车辆则不起制动作用；加速顶安装在调车场位能不足线路的反坡区，当溜放的车辆在反坡区走行速度过低，不能溜行到预定位置时，对溜放车辆起到加速作用，用以弥补线路纵断面位能不足的问题。

进入安装减速顶区段的机车车辆，机车排障器距离钢轨面的高度应大于 100 mm。机车车辆通过减速顶区段的速度不应超过顶的构造速度，一般通过速度不得大于 25 km/h，机车挂有空车通过时，速度不得大于 20 km/h。

【教师重点强调通过减速顶区段的机车车辆限制和速度限制】

图 1-1-48 加速顶

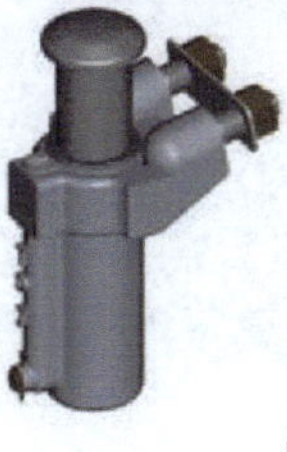

图 1-1-49 减速顶

3. 绳索牵引推送小车

绳索牵引推送小车(图 1-1-50)是驼峰调车场内作为车辆推送设备而使用的一种车辆加速工具,它能自动(或人工)地从后面追赶离开调车线减速器的货车轮缘,以 4 km/h 的速度推送车辆,使其运行到作业要求的地点。

图 1-1-50　绳索牵引推送小车

4. 脱鞋器

在调车场头部警冲标内方设有脱鞋器(图 1-1-51),对溜放速度较高的车辆在钢轨上安放铁鞋制动一定距离后,制动铁鞋沿脱鞋器翼轨将铁鞋吐出,解除铁鞋制动作用,使溜放车辆降低到一定速度后继续运行。

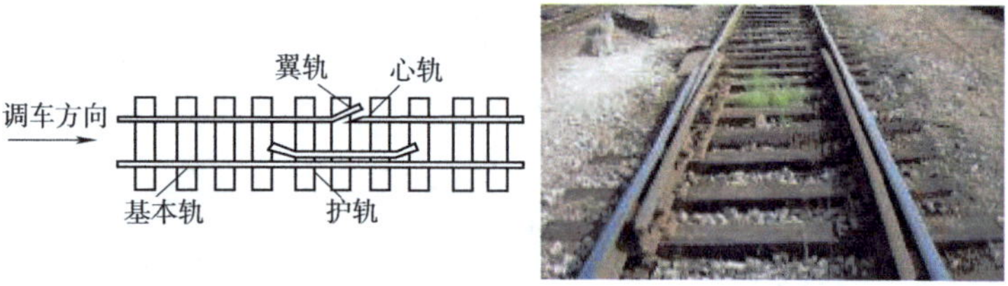

图 1-1-51　脱鞋器

5. 停车器

停车器是安装在驼峰溜放线路末端或到发线上的内撑式停车装置(图 1-1-52)。安装在驼峰线路末端时,使溜放的车辆停止运行,起到目的制动作用;安装在到发线时,代替防溜措施。

图 1-1-52　停车器

停车器因停电等原因不能缓解时,应以不超过 20 km/h 的速度通过停车器。

【教师重点提示经过停车器速度的限制】

思考题:

1. 股道容车数是如何计算的?
2. 什么是侵限绝缘?
3. 如何区分铁路道口、平过道、人行过道?
4. 影响驼峰解散车辆走行的因素有哪些?
5. 何为信号机的前方、后方、内方和外方?
6. 调车信号机显示方式有哪些,其意义是什么?
7. 驼峰色灯信号机显示方式有哪些,其意义是什么?
8. 驼峰色灯辅助信号机显示方式有哪些,其意义是什么?
9. 背画作业区域线路平面示意图。

第二节 安全知识

培训目标:通过学习,使学员充分认识到执行劳动安全规定的重要性,并掌握相关规定。

教授方法:课堂与现场相结合讲解,对事故案例进行分析,观看事故案例影像资料。

教学组织:教师结合各项作业标准,收集相对应的作业标准视频和事故案例视频组织学员观看,讲解标准作业的要点,对应事故案例视频分析违章原因,现场示范讲解执行安全规定要领。

练习方法:组织学员观看各种标准作业和事故案例视频,了解标准作业程序,讨论不执行安全规定的危害,提高安全意识。模拟场景分组练习执行安全规定形体动作。

所需物品:影音资料。

一、调车作业涉及人身及作业安全知识

1. 所有铁路调车作业人员,应根据车站的技术设备条件和作业性质,执行相应的调车作业标准,必须熟知调车作业区域的技术设备和作业方法,以及接近线路的一切建(构)筑物、堆积物的形态和距离。调车人员作业时,如不熟悉线路附近的设备,随时可能发生危险。

调车人员应熟悉车站的技术设备,主要有高站台、高路基窄路肩、道岔鱼尾板、转辙机、信号机柱、接触网支柱等。

2. 班前班中禁止饮酒。

各种酒类所含的乙醇可能使人手脚震颤、行动笨拙、反应迟钝、情绪不稳、易于冲动、作业马虎。繁忙紧张的行车工作,要求作业人员头脑清醒、精力充沛、动作准确。接班前一定要充分休息,坚决禁

止饮酒，以便保证在工作之中能够有充沛的体力和旺盛的精力。

3. 作业中严禁吸烟。

调车作业中吸烟，一方面易于造成火灾，另一方面风吹烟灰迷眼、烧嘴，容易造成信号瞭望中断、错提、撞车等问题，甚至因为看不清上、下车地点，选择位置不当而摔伤。

4. 作业中必须按规定着装，正确佩戴防护用品和使用防护用具。禁止穿高跟鞋、凉鞋、拖鞋、塑料底鞋。在铁路既有线作业禁止穿着迷彩服。室外作业时要戴帽子，冬季着用的防寒帽必须有耳孔，耳孔必须外露。在线路上作业不得着用影响视觉、听觉的帽子，棉大衣不得着用连体帽子。作业时，禁止戴妨碍视觉的色镜。

铁路行车职工统一的着装和防护用品，是为保证方便作业而精心设计、统一制定的。接班前，穿戴好规定的服装和防护用品，不仅有利于安全生产，也是作业标准化的具体体现。

5. 顺线路走时，应走两线路中间，作业人员及所携带的工具不得侵入机车车辆限界，并注意邻线的机车车辆和货物装载状态。严禁在道心、轨枕头上行走。不准脚踏钢轨面、道岔连接杆、尖轨、辙叉心等。

车站内线路的线间距离，一般是 5 000～5 300 mm，扣除机车车辆限界(包括列车标志)3 600 mm，还剩 1 400～1 700 mm。作业人员只能在这个范围内顺线路行走，还要注意相邻两线路的机车车辆和货物装载状态，否则，会被机车车辆或货物剐碰，产生危险。道心和轨枕头均在机车车辆限界以内，轨枕在冬季有霜雪或结冰，易产生危险。脚踏在钢轨面、道岔连接杆、尖轨、辙叉心上，不宜保证人体重心稳定，易滑倒或崴脚，尤其是道岔转动时，易将人带倒或夹脚。

6. 横越线路时，应"一站、二看、三通过"，注意左右机车车辆动态及脚下有无障碍物；严禁从地沟上跳越。

“一站”，是要停下，并要站在不侵入机车车辆限界的安全位置。“二看”，要左看、右看、下看；看左右有无机车车辆行驶，看脚下的障碍物、坑、沟等。夜间及冬季除雪、雨天穿雨衣等作业，影响瞭望视线更要认真执行“二看”规定。“三通过”，在确认无列车、机车车辆驶近的情况下，应尽量避开岔区，以垂直线路的角度通过线路。冬季要注意脚下的冰、雪、霜等，确认安全无危险。通过线路时要稳步走行，杜绝小跑式急速通过，防止忙乱看不清地面情况，造成落脚不稳，甚至崴脚、绊倒、摔伤。维修车辆的地沟既宽又深，跳越通过容易发生危险。

7. 横越停有机车车辆的线路时，应先确认机车车辆暂不移动，然后在该机车车辆较远处通过，严禁在运行中的机车车辆前面抢越。

横越停有机车车辆的线路时可通过确认信号显示、机车鸣笛、车辆制动缓解状态等方法来确认横越的车列在一段时间内，无移动可能。

“抢越”是在运行状态中的机车车辆前抢先越过。抢越可能会造成看不清地面情况，如冰雪、障碍物等，也容易因慌忙造成乱手乱脚发生意外。

8. 必须横越列车、车列(组)时，严禁钻车。应先确认列车、车列(组)暂不移动，然后由车辆通过台或两车车钩上越过，越过时勿碰开钩销和关闭折角塞门，上下车时要抓紧蹬稳并注意邻线有无机车车辆运行；经车辆通过台越过应从车梯上下车。

车底和车钩下距地面的空间很小，并且安装有多种配件，钻车很困难，动作也不灵活，很可能挂住衣物，特别是列车或车列突然移动时无法躲闪，所以严禁钻车。有通过台的车辆，如粮食车、罐车、客车等，可选择由通过台上通过；没有通过台的车辆须从两车钩上越过时，抓紧踏稳，并注意不要碰开钩销和关闭折角塞门，否则列车、车列移动后会拉断软管，造成列车、车列分离；关闭折角塞门的后果会造成关闭折角塞门开车事故。横越车列时，还要注意邻线有无机车车辆运行，否则往前一跳产生惯力，如恰逢邻线有机车车辆经过，极易发生危险。优先选择在无闸台或只有一个闸台的车钩上越过，要注意头部不要磕碰闸台，衣物不被挂住。经通过台越过时，应从车梯上下车，避免跳车发生伤害。

9. 严禁在机车车辆底下、端部、线路中心、钢轨上、轨枕头、道床边坡、桥涵上、隧道内坐卧（站立）休息、乘凉、避风、避雪或避雨。除调车人员以外严禁扒乘运行中的机车车辆，以车代步。在作业休息时，应到线路以外安全的地方休息。

上述地点均在机车车辆限界内，在这些地点休息、躲避风、雨、雪，都是危险的。在冬季，人的视觉、听觉都受到很大影响，更不能在这些地点停留。所谓“扒乘”，指不是正常作业需要登乘机车车辆，而是非作业需要搭乘机车车辆。如扳道员扒乘至扳道地点，车号员扒乘至接车地点，铁鞋制动连结员扒乘溜放车组至下鞋地点等。“以车代步”时，一是扒乘人员不具备上下车技能；二是机车车辆起动和停车的地点往往不是扒乘人员要去的地方，上下车易发生人身伤害。

10. 通过桥梁、隧道时，应确认两端无列车开来后方准通过。

桥梁、隧道的过道通常都是狭窄地段，如果只确认前方无列车开来，而没有确认后方，一旦后方有列车驶来，躲避不及易发生人身危险。

11. 在线路上和接近线路作业人员，要坚持同去同归。有指定安全线路的要走指定线路。

同去同归是为了使作业人员能够互相照应、提示，一旦发生问题能够及时帮助、救助。

12. 禁止在线路上或侵入机车车辆限界内接打手机。

在线路上或侵入机车车辆限界内接打手机时，精力放在通话过程中，不能集中精力确认机车车辆动态，一旦有机车车辆驶来，容易发生伤害。

13. 严禁由旅客高站台直接爬上、跳下。

旅客高站台侧经常接入停车的旅客列车，旅客高站台距钢轨顶面高度 1 250 mm，距道床距离更高，站台边缘有凸起部分，攀爬困难，有列车接入高站台侧股道时容易发生危险；同样自高站台跳下时，地面有钢轨、枕木、道床，凸凹不平也容易发生人身伤害。

14. 上下车时必须遵守以下的规定：

(1)上车时，车速不得超过 15 km/h；下车时，车速不得超过 20 km/h。

按照惯性运动原理，一般人快步跑能跟上车时的速度略高于 15 km/h 。调车人员上车时，必须使自己顺车跑动的瞬时速度大于当时运行的机车车辆的速度。如车速再高时，人有可能跟不上而出现拖、拉。下车时要沿着机车车辆运行方向减速跑，如车速超过 20 km/h ，落地后的人来不及加快自己的瞬时速度，可能会造成摔伤。

(2)在高度不超过 1.1 m 的站台上，上下车时速度不得超过 10 km/h。

高度不超过 1.1 m 的站台上上下车时，因站台侵占车梯下部空间，不适宜利用脚蹬上下车，直接由车梯上下不便掌握平衡，因此较平地上下车应适当降低速度。

(3)在路肩窄、路基高的线路上和高度超过 1.1 m 的站台上作业时，必须停车上、下。

在路肩窄、路基高的线路上进行调车作业，上下车时因空间狭窄或地势高，助跑和减速跑极易发生磕绊、侵入机车车辆限界、跑下路基危险，所以要停车上下。在超过 1.1 m 的高站台处，脚蹬在高站台下边，运行中脚踩车梯上下车不易踩稳抓牢，一旦踏空掉入站台空隙极易发生人身伤害，加上高站台货物堆放距离较近，上下车加减速跑受限，所以要停车上下。

(4)登乘内燃、电力机车作业时，必须在机车停稳时再上、下车(设有便于上、下车脚蹬的调车机车除外)。

未设便于调车作业的上下车脚蹬、扶手的内燃、电力机车，因其脚踏板窄、单扶手，不利于抓牢站稳，所以作业时必须在机车停稳再上下车。

(5)上车前要注意脚蹬、车梯、扶手，平车、砂石车的侧板及机车脚踏板的牢固状态。

尤其对杂型车辆更需注意，如脚蹬、车梯、扶手脱焊、扭曲及平车、砂石车侧板搭扣未扣牢，可能将人摔伤或打伤。冬季要检查和清除机车脚踏板上的霜、雪、冰，并采取防滑措施，否则不许使用。

(6)上、下车时，要选好地点，注意地面障碍物和邻线来车。严禁在道岔区和有障碍物凸凹不平的地点上下车。不准迎面上车。不准运行中反面上下车(牵出时最后一辆及《车站行车工作细则》(以下简称《站细》)等的规定除外)。

上下车时必须选择地面平坦，无障碍的地点。障碍物一般是指地面上有大石块、电动转辙机箱、信号机、拉杆、导线、警冲标、铁鞋、铁鞋台、道岔弹簧握柄、道岔表示器等；下车时注意邻线机车车辆运行情况，减速跑时不能侵入邻线机车车辆限界。

道岔区域对于单开道岔来说，是指有关线路的警冲标至该侧道岔尖轨尖端的一段线路，道岔区域上下车时，脚下布满了轨枕，钢轨交错，极易发生危险。

正确的上车方式，应是调车人员顺车跑的瞬间速度大于车辆当时运行速度，这样才能保证安全，如迎面上车，因为不能助跑，上车时，手脚一齐伸，这样的上车方法，只要手脚有一处失误，就有造成坠车的危险。

调车作业中,调车司机只凭调车指挥人的信号显示行进或停车,调车人员应在调车指挥人一侧作业,正确及时显示信号。调车指挥人还要负责调车人员的人身安全,如在反面上下车,万一发生危险,调车指挥人无法及时采取措施,所以运行中不准反面上下车;牵出作业时,尾部提钩作业人员负责提钩、护钩,车列牵出后为了不追赶车辆发生危险,可以越过线路到反面的最后一辆车梯上车,一旦意外发生,危险系数较小。

(7)上、下机车车辆时,应选好车梯子,紧握扶手,禁止背对机车车辆上、下。

上车前应注意车梯、手把杆、低边车的侧板和机车脚踏板的牢固状态,对杂型车尤需注意。上车及在运行中必须抓紧、站稳。上下车时必须选择地面平坦、无障碍地点,雨雪天气时应注意防止滑倒。上下平车时,因把手过低,注意身体不要被警冲标或其他障碍物打伤。背对机车车辆上、下,脚下易踩空发生危险。

15. 在车列、车辆走行中,禁止下列行为:

(1)在车钩上,平车、砂石车的端板支架及无扶手的罐车边端坐立,在平车、砂石车的边端站立。

在车列、车辆走行中,特别是牵出运行时,随时有加减速或停车的可能,如在车钩上及平车、砂石车的边端或端板支架上坐立,容易从车上摔下或挤伤。

(2)在棚车顶或装载超出车帮的货物上站立行走。

在车列、车辆走行中,经常出现加减速、停车或经过道岔、弯道时左右摇摆,在棚车车顶或装载超出车帮的货物上站立或走行,随时有摔下的可能或被上部建筑碰撞的危险。

(3)手抓篷布或捆绑货物的绳索,脚蹬平车鱼腹形侧梁。

在车列、车辆走行中手抓篷布或捆绑货物的绳索,篷布或捆绑货物的绳索存在一定的晃动，车辆的运行中如果手抓篷布或捆绑货物的绳索，在惯性和人身体重力作用下晃动会加剧，万一捆绑不牢或折断，人就会摔下致伤。脚蹬平车鱼腹形侧梁时，鱼腹形侧梁边较窄，平车上又无扶手，人身安全无法保证。

(4)在车梯上探身过远，或经站台时站在低于站台的车梯上。

在车梯上探身过远，经过信号机、仓库、煤台等处，容易造成刮碰。经过站台时，因站台距线路中心线 1 750 mm ，而机车、车辆限界一侧为 1 700 mm，车辆与站台的间隙只有 50 mm ，如果作业时，站在低于站台的车梯上，容易造成挤伤或被刮下。

(5)在装载易于窜动货物的车辆间和货物空隙间、货物上站立或坐卧。

如在装载易于窜动货物的车辆间和货物空隙间站立或坐卧，当减速、加速或连挂冲撞时，容易造成货物窜动或倒塌，将人挤伤或被货物砸伤。

(6)骑坐车帮。

骑坐在车帮上，在运行中遇有加减速、停车或经过道岔区摆动时，因无扶手，极易摔下。

(7)跨越车辆。

在车列、车辆运行中遇到司机制动或经过道岔处左右摇摆时，人容易摔下。

(8)两人及以上站在同一闸台、车梯及机车一侧踏板上。

闸台、车梯及机车一侧踏板上，不能两人同时站立，否则一旦发现危及安全的情况时，互相牵制不利于同时采取有效安全措施。

(9)进入线路提钩、摘管或调整钩位。

作业中遇钩提不开、软管未摘，或钩位不正、钩销不良等情况时，应停车处理。在运行中作业人员边走边进行上述作业，一方面要处理车钩或软管，另一方面还要注意脚下障碍物或冰雪，往往顾此失彼，可能有伤亡的危险。

(10)手把车帮、脚踏边梁，同时手扶、脚踏两车。

在车列、车辆运行中遇到制动或经过道岔处左右摇摆时，因抓不牢、站不稳容易摔下。

16. 去岔线、段管线或货物线调车作业，须事先指派专人检查线路有无障碍物，大门开启状态及线路两侧货物堆放情况；事先派人检查有困难时，应在《站细》中规定检查确认办法。

岔线、段管线或货物线作业环境复杂，大门是否开启，线路上脱轨器是否撤除，线路上是否有各种杂物，线路两旁堆放的货物是否侵限，机动车辆是否停在安全地点等，给调车作业带来诸多风险，所以要求事先派人检查，符合要求再进入作业。

17. 推进运行时，禁止调车组人员站在推进车辆前端人力制动机台上领车。

站在推进车辆前端人力制动机台上领车，因系着安全带，遇危及安全来不及摘下安全带下车避险，可能引发更大的人身伤害。

18. 摘解带风车辆作业时，必须执行一关(关折角塞门)、二摘(摘软管)、三提钩的作业程序。

带风作业时，如未关闭折角塞门就摘开软管，由于风压冲击使软管剧烈摆动，容易将人打伤。

19. 摘结软管、调整钩位、处理钩销时，采取或撤除防溜措施时，必须等列车、车列(组)停妥，并得到调车长的回示，昼间由调车长防护，夜间必须向调车长显示停车信号。

在列车、车列(组)未停稳的情况下进入车档作业，极易发生危险，因此必须确人列车、车列(组)已停妥，并向调车长报告，得到调车长的同意后，在采取防护措施后，方方可进入车档作业。

使用无线调车灯显设备作业进入车挡作业时，调车人员须确认列车、车列（组）停妥，连结员需得到调车长同意，发出“紧急停车”指令后，方可进入车档。调车长进入车档作业时，由其本人向司机显示（发出）停车信号进行防护。

无线调车灯显设备与列车运行监控装置配合（连线）使用时，连结员的电台发出“紧急停车”和调车长电台发出的“停车”指令后，都会限制机车动作，一旦机车有运行速度，机车会产生“卸载”“紧急制动”反应，从而实现了设备保安全的目的；为了保证作业人员人身安全，“紧急停车”指令只能由发出“紧急停车”指令的电台解锁。

使用手信号调车时，调车长须向司机显示停车信号进行防护后，方可同意作业人员进入车档；调车长得到所有作业人员均已作业完毕的汇报后，方可撤除防护。

20. 溜放调车提钩时，应站在车梯上，一手抓牢车梯，一手提钩，不准用脚提钩或跟车边跑边提钩（驼峰调车作业除外）。严禁在车列走行中抢越线路去反面提钩。

溜放调车作业时，起速快，要求提钩时机准确，所以要求一手抓牢车梯，一手提钩。用脚提钩一是站立不稳，经过道岔时，车辆晃动容易发生危险；二是用脚提钩把不牢提钩杆，一旦滑脱提不开车钩，也容易发生危险。平面溜放过程中，提钩地点不固定，经过的不一定都是平坦地段，有时会经过有障碍物地点或道岔区域，在这些路段边跑边提钩容易绊倒摔伤。驼峰解散车辆时，有峰顶平台和固定的提钩地点，一般线路平整、无障碍物，推峰速度高于走行速度时，提钩人员可以跟车边跑边提钩。遇提不开车钩时，严禁在车列走行中抢越线路去反面提钩，防止脚下障碍物将人绊倒。

21. 使用人力制动机时（在静止状态下，站在地面或低于车钩中心水平线的人力制动机闸台上使用时除外），必须使用安全带。要做到“上车先挂钩”“下车先摘钩”。不能使用安全带的车辆，如：平车、砂石车、罐车等，作业时必须选好站立地点。

制动机台上作业存在脱手坠落的危险，特别是在松开人力制动机过程中，制动机的回弹力大，易将双手甩脱，所以，使用人力制动机时必须挂好安全带。平车、矿石车、有通过台的罐车使用人力制动机时，因所在位置高度不够，不能够使用安全带，但又靠近车辆端部，所以应选好站立地点。

22. 严禁使用折角塞门放风制动。

打开折角塞门放风制动的危害：

(1)放风时，车辆紧急制动，易损配件。

(2)容易造成绊倒、软管击伤人。

由于存在上述危害，所以严禁打开折角塞门放风制动。

23. 使用铁鞋制动时，应背向来车方向顺向下鞋。严禁徒手使用铁鞋，并注意车辆、货物状况和邻线机车车辆的动态。严禁带铁鞋叉上车。

面向来车方向对向下鞋，一是一旦退步调整下鞋地点，容易造成摔倒发生意外；二是捆绑货物的铁线等物超出机车车辆限界容易刮伤面部；三是铁鞋叉子撤除不及时被铁鞋夹住或铁鞋叉子被向外倾斜的车梯剐碰，易危及人身安全。徒手使用铁鞋，身体侵限易被车辆撞倒或挤伤手指、碰伤头部。携带铁鞋叉上车时，不利于上车助跑和抓牢扶手，下车时不利于身体掌握平衡，影响下车减速跑，危及安全，容易被绊倒。

24. 严禁在机车前后端走行台坐卧。

在机车前后端坐卧，一是机车紧急制动时容易掉下，如果过岔速度过高机车摆动，可能将作业人员甩下；二是发现危及安全的情况，不能及时下车。

25. 使用折叠式人力制动机，须在停车时竖起人力制动机杆，确认方套落下、月牙板关闭好、插销插上后方可使用。如有异状，禁止使用。

折叠式人力制动机通常装设在平车上。在车辆运行中做准备工作很困难。而且,平车无扶手,更容易发生危险。所以,必须在停车时提前做好上述准备工作。

26. 在扳道作业时,应遵守扳道作业方法。除因作业需要必须进入道心外,均应站在安全地点。

扳道作业应执行"一看、二扳、三确认、四显示(呼唤)"制度,走到位、看到位、确认到位。进入道心必然身体侵限,极易发生人身伤害事故,所以除因作业需要必须进入道心外,均应站在安全地点。

二、电气化区段作业人身安全

1. 在电气化铁路区段,接触网未停电、未接地的情况下,禁止到车顶上调车作业。在带电的接触网线路上调车时,作业人员及所携带的工具等须与接触网高压带电部分保持 2 m 以上的距离。

2. 电气化区段进行调车时,不准登上棚车(在区间和中间站禁止登上棚车、敞车)使用人力制动机制动。编组、区段站在接触网高度为 6 200 mm 及其以上的线路上准许使用敞车人力制动机时,不能站在高于人力制动机台的车梯上或货物上。

3. 距牵引供电设备带电部分不足 4 m 的燃着物体,使用水或灭火器灭火时,牵引供电设备必须停电。

4. 距牵引供电设备带电部分超过 2 m 的燃着物体,使用沙土灭火时,牵引供电设备可不停电,但须保持灭火机具及沙土等与带电部分的距离在 2 m 以上。

5. 通过电气化区段道口时,车辆限界及货物装载高度(从地面算起)不得超过 4.5 m;上部或其货物装载高度超过 2 m 通过平交道口时,车辆上部及装载货物上严禁坐人。

6. 持有长大、飘动等物件通过电化区段线路时，不得高举挥动，应与牵引供电设备带电部分保持 2 m 以上的距离。

三、季节性人身安全

1. 雨天调车组人员穿戴雨具时，不应该贴身穿着雨衣雨裤，身体出汗雨具黏着身体，上、下车时迈不开腿，容易发生危险。

2. 冬季调车作业时，要保证衣着暖和，紧凑利落，不宜过厚，保证调车作业时手脚灵活。棉帽子要有耳孔，手套要分五指；戴眼镜、风镜时不要戴口罩，防止镜片上凝结水汽，影响视线。

3. 下雪、结冰时，调车人员上、下车要选好地点。对经常上、下车的地点和峰顶提钩地段以及机车脚踏板等处应清扫冰雪或撒上粗砂、炉灰等，必要时停车上下。调车人员自身还应采取必要的防滑措施，如脚下捆麻绳、布绳或穿戴防滑器等。

4. 遇刮风、下雪、下雾等不良天气，应尽量不要变更调车计划，并要认真检查线路、准确掌握速度，保证调车作业安全。

【要点概括】

横越线路一二三，横越车列严禁钻；
绕行车辆五米外，线间行走不侵限；
车下严禁避风雨，不准脚踏钢轨面；
上车下车不超速，侵限处所身勿探；
接触网下禁登高，调车作业保安全。

思考题：

1. 为什么不准带酒气上岗，当班不准饮酒？

2. 为什么作业中严禁吸烟？

3. 作业中对调车人员着装有哪些要求?

4. 顺线路走时,应执行哪些规定?

5. 横越线路时,应执行哪些规定?

6. 横越停有机车车辆的线路时,应执行哪些规定?

7. 作业人员休息时,严禁在哪些地点坐卧休息?

8. 通过桥梁、隧道时,如何确保人身安全?

9. 在线路上和接近线路作业人员,要坚持什么原则,如何行走?

10. 为什么禁止在线路上或侵入机车车辆限界内接打手机?

11. 为什么严禁由旅客高站台直接爬上、跳下?

12. 上下车时,必须遵守哪些的规定?

13. 在车列、车辆走行中,禁止哪些行为?

14. 去岔线、段管线或货物线调车作业,须事先派人检查哪些事项?

15. 为什么推进运行时,禁止调车组人员站在推进车辆前端人力制动机台上领车?

16. 摘解带风车辆作业时,应执行哪些程序?

17. 摘结软管、调整钩位、处理钩销时,如何确保人身安全?

18. 溜放调车提钩时,如何确保人身安全?

19. 上人力制动机台使用人力制动机时,如何确保人身安全?

20. 为什么严禁使用折角塞门放风制动?

21. 使用铁鞋制动时,如何确保人身安全?

22. 为什么严禁在机车前后端走行台坐卧?

23. 使用折叠式人力制动机时,如何操作?

第三节　调车工具

培训目标：通过学习，使学员了解各种调车工具的用途和使用方法。

教授方法：现场实物展示讲解。

教学组织：将学员分成若干组，分别有教师带领到实训场地，教师示范使用各种调车工具，学员练习使用。

练习方法：组织学员使用无线调车灯显设备通话试验、发出信号指令，使用手信号灯显示显示各种灯光变化，试吹号角、口笛，试用铁鞋叉子向钢轨上安放铁鞋，练习使用提钩摘管器摘开软管，练习安装简易紧急制动阀，学习安设铁鞋、止轮器、人力制动机紧固器、防溜枕木等工作。

所需物品：无线调车灯显设备、手信号灯、安全带、号角、口笛、提钩摘管器、简易紧急制动阀、铁鞋叉子、防溜器具等。

一、无线调车灯显设备

无线调车灯显设备是供铁路调车作业时调车领导人、机车司机及调车人员传递调车信令及通信联络用的无线设备。

（一）无线调车灯显设备主要包括：机车设备、便携设备和固定设备

1. 机车设备：机车控制器（图 1-3-1）简称机控器，由机控器主机、司机话盒、显示灯、扬声器、天线等组成，具有通话、信令识别及显示功能，对调车人员发出的调车指令进行识别、亮灯显示、语音提示，发出回示并记录信令、时间等信息参数。

图 1-3-1 WJKBM 型调车(便携式)机控器

2. 便携设备:由便携台(图 1-3-2)加装调车信令控制装置构成,具有呼叫通话、向机控器发出各种调车指令的功能。

图 1-3-2 便携台

3. 固定设备:由调车区长控制器(图 1-3-3)、话筒、天线及馈线组成,具有通话、接收和识别调车人员发出的呼叫信号等功能。

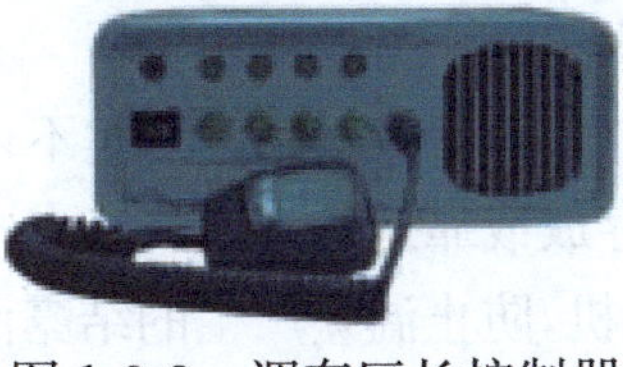

图 1-3-3 调车区长控制器

机控器是整个无线调车系统的核心，它由机控器主机和一些外围部件显示器、话盒等构成。

机控器由无线信号接收发射机和信号显示灯两部分组成。无线信号收发系统具有接收地面发射的无线信号、语言通话功能，当收到各种信号指令后，自动回示复诵信号。同时在接到运行信令后，每隔一固定时间间隔(标准值 5 s)发出测机信号，为给司机较安静的工作环境，对测机信号采取了屏蔽措施，司机听不见“嘟嘟……”声音。一旦调车长电台故障或其他原因造成指令发送不出去时，机车控制器可检测出故障，发出“故障停车”语音。

设备出厂定义连续两个测机信号收不到，系统发语音信号“注意、注意”语音，第三个测机信号仍未收到，则发出“故障停车”语音。

信号显示灯为 4 灯多显示，即红 1 灯、红 2 灯、绿灯、黄灯。

机控器在开机时，显示器灯闪亮，表示自检正常，随后自动报出调车组的号码。运行中，调车组号码不能改变。机车控制器与调车长、连结员调车专用电台构成一个工作系统，必须具备两个条件：一是所有设备的频点一致；二是所有设备的调别号相同。在机控器接通电源后，只有满足这两个条件才能开始工作。

频点一致，但调别号不同，此时只有话音，没有信号。

调别号一致，但频点不同，此时既没有话音，也没有信号。

(二)使用无线调车灯显设备注意事项

(1)无线电台设备属精密电子设备，使用时必须注意保养，延长其使用寿命，充分发挥其性能。

(2)使用环境、在－20 ℃～50 ℃，因此不可将电台在夏季日光下曝晒，冬季在室外存放或靠近炉火暖气。冬季在室外使用后进入温暖的室内前应先关机，防止温差产生的结露而损坏内部元件。

(3)便携台开机前，必须先安装好天线再开机，否则将烧坏功放管。

(4)使用话盒时，严禁将通话孔堵塞。

(5)遇雨、雪天气应注意防护便携台、话盒。

(6)便携台、话盒外部连结处,严禁扭、拉等不良做法,以防连线断裂,影响使用。

(7)区长控制器、机车控制器、机车便携台等设备上,严禁放置茶缸、饭盒等物件,确保设备良好运用。

(8)便携台不得将具有电池接触点的后背放在金属台面式物体上,以防造成电池短路烧坏电池。

二、手信号旗

铁路信号旗是调车人员在昼间作业中指挥、联系的视觉工具之一,一般分为红色、绿色和黄色三种,如图 1-3-4 所示。

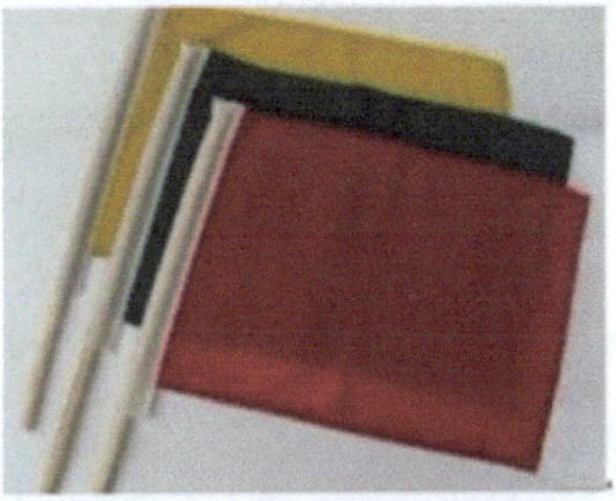

图 1-3-4 手信号旗

铁路信号旗采用水淋湿后不粘结的纯羊毛平纹纺织品,100 mm的经纬度约 120 根,重量为不小于 150 g/m^2,经纬抗伸强度大于等于 300 N。铁路信号旗的形状为长方形,尺寸规定见表 1-3-1 和图 1-3-5。

表 1-3-1 铁路信号旗尺寸

项　　目	尺寸(mm)	允许误差(mm)
长	460	+12
宽	350	+9
注:所示尺寸为成品的主体尺寸,不包括折边和旗杆套		

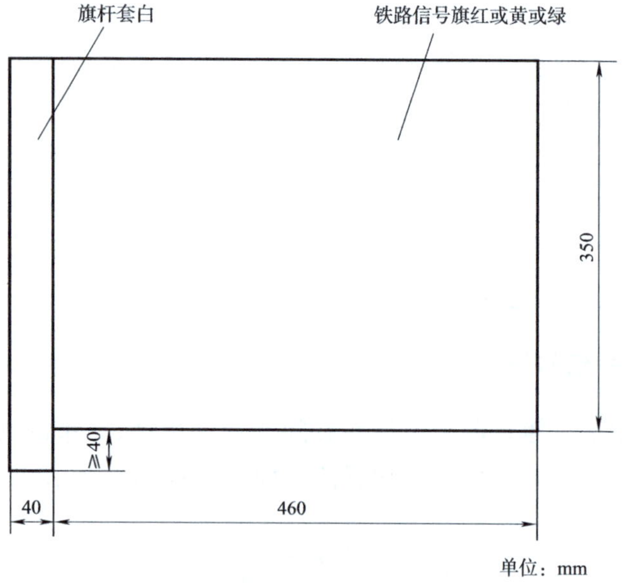

图 1-3-5　铁路信号旗尺寸

三、手信号灯

调车信号灯是调车人员在夜间作业中照明及进行指挥、联系的视觉信号工具。一般有三种灯光显示功能:白色、红色和绿色。能源采用可充电式干电池或蓄电池,电压为 4.5 V,蓄电池现已很少使用。随着科学技术的发展、设备不断更新,目前现场使用的多为多功能信号灯(图 1-3-6),其具有携带方便、连续工作时间长、可视距离远等特点。

图 1-3-6　调车信号灯

四、安全带

调车安全带是防止调车人员上闸台使用人力制动机，从车上坠落的防护用具。安全带（图 1-3-7）主要由安全防护腰带、金属弹簧钩、弹簧钩连结绳三部分组成。腰带一般由锦维纶丝纺织而成，长度为 120 cm，连结绳由锦维纶丝绞合而成，长度为 45 cm。一般安全带可承受静负荷为 4 400～4 500 N，冲击重量 100 kg 及以上。

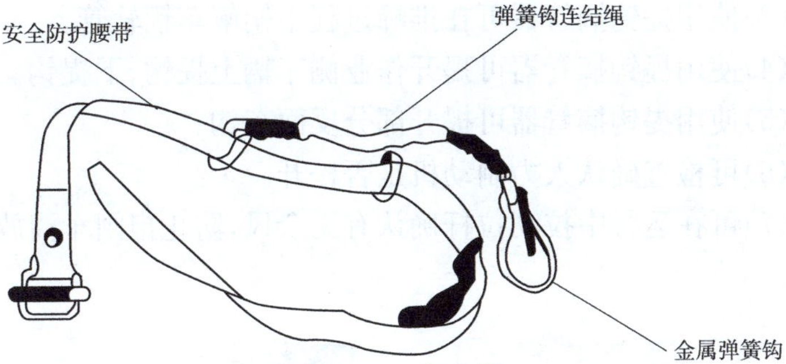

图 1-3-7　安全带

五、号角、口笛

号角（图 1-3-8）又称喇叭，口笛（图 1-3-9）又称口哨，号角、口笛发出的声音为听觉信号，是行车有关人员在作业中使用的信号。

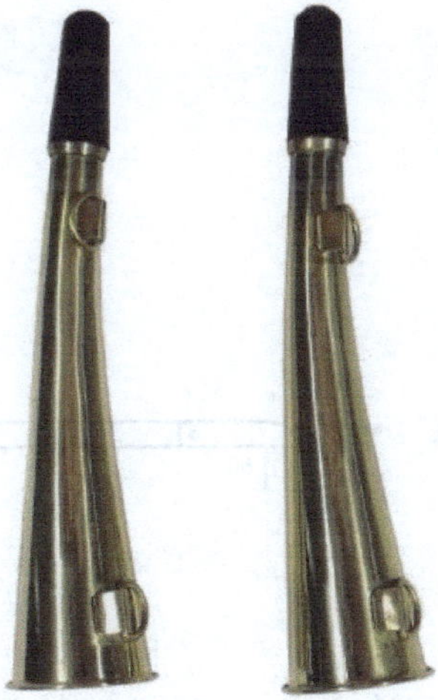

图 1-3-8　号角

六、提钩摘管器

驼峰解体作业，车辆运行中用手提钩，进入车档作业存在人身安全风险。遇临时产生摘管或作业侧车钩提不开需要反面提钩时，必须停车处理，影响调车效率。部分车站在驼峰解体作业中使用了提钩摘管器(图 1-3-10)。提钩摘管器就像伸长了的手，协助峰顶提钩人员在推峰作业车辆运行过程中，与车辆保持安全距离的情况下进行各种作业。主要作用是：

(1)提钩时，身体与车体保持安全距离，提高了人身安全系数。

(2)使用提钩摘管器可在推峰过程中拔出车辆防跳插销。

(3)使用提钩摘管器可在推峰过程中摘解车辆软管。

(4)使用提钩摘管器可提开作业侧车辆上提钩、下提钩。

(5)使用提钩摘管器可提开部分反面车钩。

(6)可检查确认人力制动机是否松开。

(7)可在运行中拉动拉杆确认有无余风，防止抱闸车溜放。

图 1-3-9　口笛

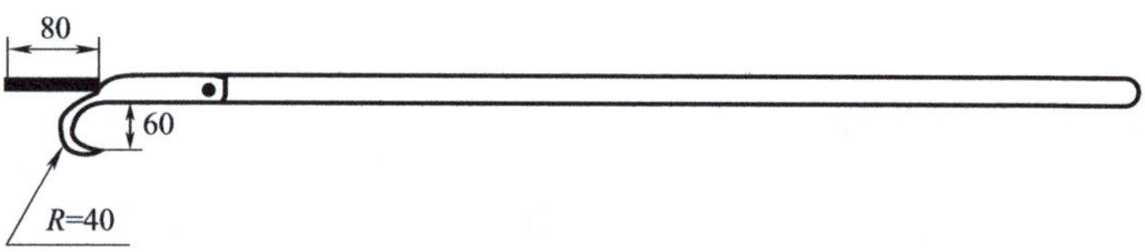

图 1-3-10　提钩摘管器(单位：mm)

七、简易紧急制动阀

简易紧急制动阀有手拉式简易紧急制动阀和无线遥控简易紧急制动阀两种。手拉式简易紧急制动阀为铁质或铝质，它由阀体、阀杆和拉绳等组成，在阀体上有一个能与车辆制动主管连结器连通的圆形阀孔。将阀体安装在车列前端制动主管连结器上，打开折角塞门，使用时拉动拉绳，即可排出车列制动主管内的风，使车列紧急制动停车。

手拉式简易紧急制动阀如图 1-3-11 所示。

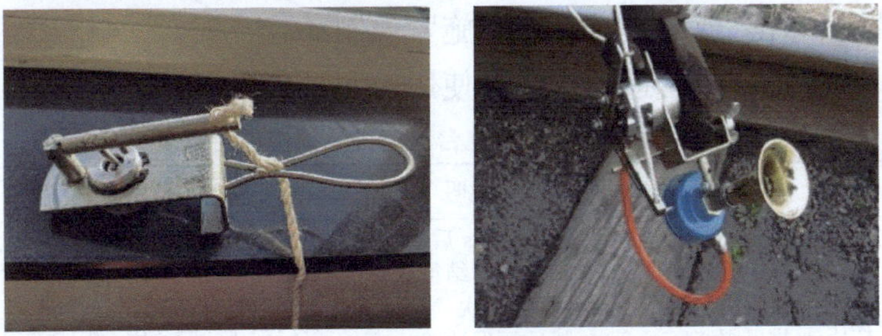

图 1-3-11　手拉式简易紧急制动阀

无线遥控简易紧急制动阀（图 1-3-12）是利用无线遥控、排风及鸣笛技术的应用，由鸣笛排风阀、遥控器以及附属设备组成。鸣笛排风阀由遥控鸣笛排风无线接收器、主控单元、排风和鸣笛系统、镍镉或镍氢电池组成。遥控器由主控装置及相应功能键组成。附属设备：电池充电器。

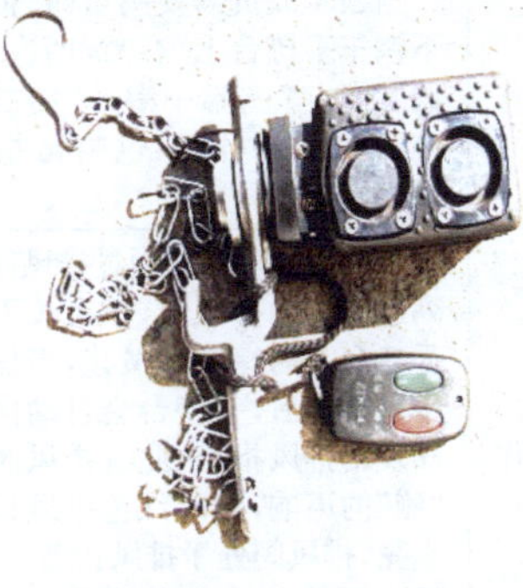

图 1-3-12　无线遥控紧急制动阀

无线遥控简易紧急制动阀操纵方法分为两种：

一种是遥控器和阀体提前建立好“一对一”关系，每次使用前，必须作遥控距离试验，功能试验良好后使用。

当按下遥控紧急制动阀的电源“开”时，阀体上的电源指示橙色灯亮，接上车辆软管，然后按遥控器的绿键鸣笛，这时阀体上的黄灯亮，每按一次持续鸣笛 2～3 s；按红键排风，这时阀体上绿灯亮。

另一种是连结员的手持电台提前建立好“一对一”关系后，每次使用制动阀前，必须试验，功能试验良好后使用，使用时，依次按压黄键、绿键（或绿键、黄键）实施紧急制动。

两种手持电台遥控排风阀使用对照见表 1-3-2。

表 1-3-2　两种手持电台遥控排风阀使用对照表

操作项目	连接电台遥控排风阀使用说明	无线遥控排风阀使用说明
对码操作	打开排风阀电源开关约 4 s 后，白色编码灯点亮，此时领车连结员依次按下调车手持台绿键两次，当排风阀红灯闪 2 次，随后短促地鸣笛 2 声，且鸣笛时绿灯亮，表示手持台与排风阀对码成功	打开排风阀电源开关约 4 s 后，白色编码灯点亮，此时领车连结员调车手持台长按绿键，当排风阀发出“嘣噔、嘣噔”的声响并有清脆的“嘀…嘟…”提示音，表示手持台与排风阀对码成功
鸣笛操作	当领车人员需要鸣笛时，依次按下调车手持台上的绿键两次，排风阀发出“嘟…嘟…嘟…”的三声长响，同时排风阀绿色鸣笛指示灯闪亮	当领车人员需要鸣笛时，按下调车手持台上的绿键约 1.5 s，排风阀发出“嘟…嘟…嘟…”的三声长响，同时排风阀绿色鸣笛指示灯闪亮
排风操作	当领车人员需要通过排风阀对车列进行辅助排风时，依次按下调车手持台上的绿键和黄建，当操作提示音结束后，手持台会自动向排风阀发出排风指令，此时排风阀发出“嘣”的声响，同时红色排风指示灯点亮，排风阀处于排风状态，一次排风时间约 10 s。当需要二次排风时，重复上述操作即可	当领车人员需要通过排风阀对车列进行辅助排风时，依次按下调车手持台上的黄键和绿键，当操作提示音结束后，手持台会自动向排风阀发出排风指令，此时排风阀发出“嘣”的声响，同时红色排风指示灯点亮，排风阀处于排风状态，一次排风时间约 10 s。当需要二次排风时，重复上述操作即可

八、铁鞋叉子

为安撤铁鞋进行调速或目的制动而使用的铁鞋叉子(图 1-3-13),有利于安全操作和减轻劳动强度,这种叉子的长度一般为 1.5 m 左右。

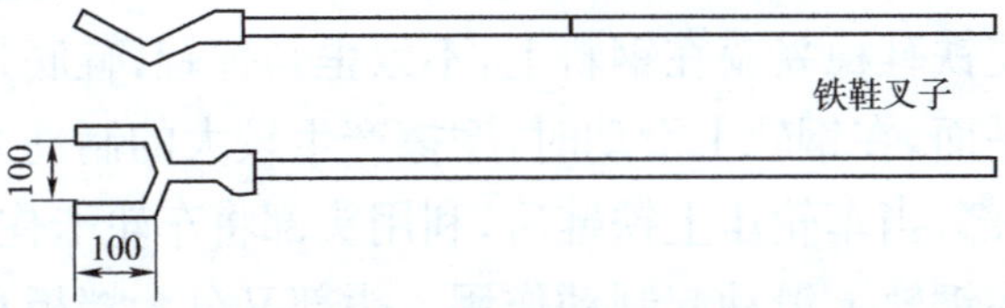

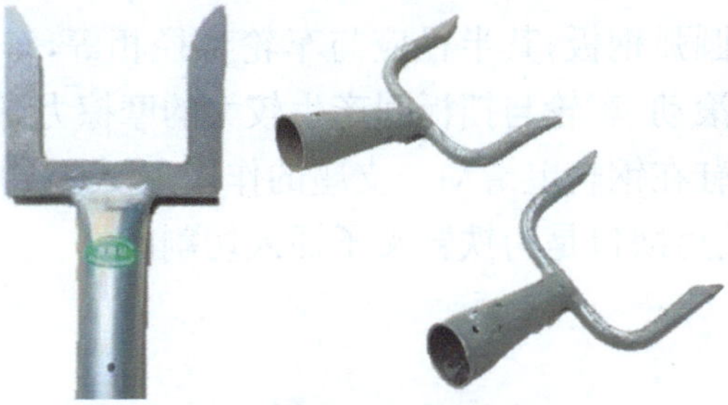

铁鞋叉子头

图 1-3-13　铁鞋叉子(单位:mm)

使用时,前手距叉杆前部(安装叉头部位)不少于 500 mm,如图 1-3-14 所示。目的是防止身体侵限而发生身体被车辆剐碰造成的伤害。

图 1-3-14　使用铁鞋叉子

九、防溜器具

除了车辆上自带的人力制动机外,防溜器具还包括铁鞋、人力制动机紧固器、防溜枕木、止轮器等。

（一）铁鞋

1. 铁鞋的构造(图 1-3-15)

(1)底部，铁鞋安放在钢轨上时使车轮压上的部分。底部又分为鞋尖、鞋边、鞋底三部分。鞋尖是一个斜面，它的作用是使车轮压上铁鞋，并减少车辆的震动和避免铁鞋被撞击后发生掉鞋；鞋边的作用是使铁鞋稳妥骑在钢轨上，不致歪斜掉鞋；鞋底是铁鞋与钢轨接触的平面，在钢轨上滑动时，摩擦产生较大的制动力。

(2)头部，当车轮压上铁鞋后，利用头部将车轮卡住，使车轮与铁鞋同时在钢轨上滑动起制动作用。头部又分为挡板和支座两部分。挡板是圆弧钢板，其半径应与车轮半径相等，车轮压上后，阻止车轮继续滚动，车轮与挡板间产生较大的摩擦力，使车轮由滚动变为推着铁鞋在钢轨上滑动。支座的作用主要是支撑挡板并连接底部，支座前后缺口是为铁鞋叉子插入切割的。

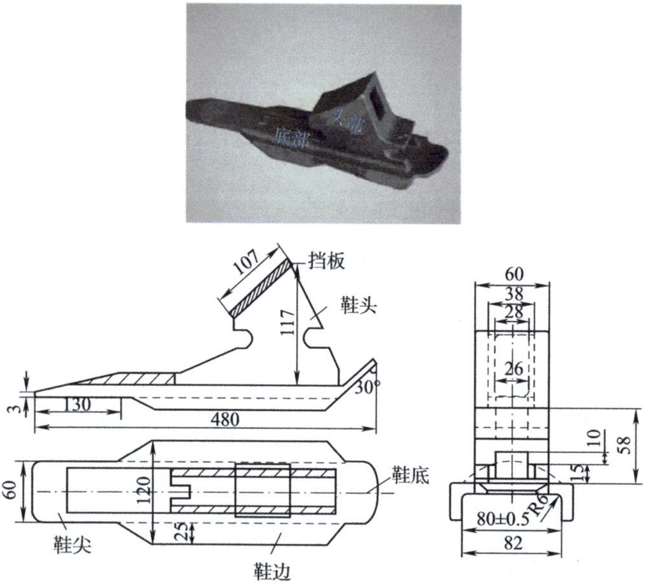

图 1-3-15　铁鞋构造示意图(单位：mm)

质量良好的铁鞋必须保证制动稳定，不掉鞋；坚固耐用，不易损坏；使用方便，制动力强；重量轻、用料少、成本低；构造简单、容易制造及修配方便。

2. 铁鞋分类

铁鞋按用途可分为制动铁鞋和防溜铁鞋。

(1)制动铁鞋(图 1-3-15)是使溜放车辆的车轮压上后，沿钢轨面滑动摩擦增大阻力，使溜放车辆降低速度直至停止运动的调速工具。

使用铁鞋调速按目的不同分为目的制动和调速制动。

目的制动：在钢轨上安放铁鞋后，使溜放车辆停于预定地点或降低到安全连挂速度。

(2)防溜铁鞋是放在静止状态的机车、车辆车轮下对其进行阻挡的安全防溜器具，如图 1-3-16 所示。随着科技发展，部分车站现场已使用的智能防溜铁鞋。

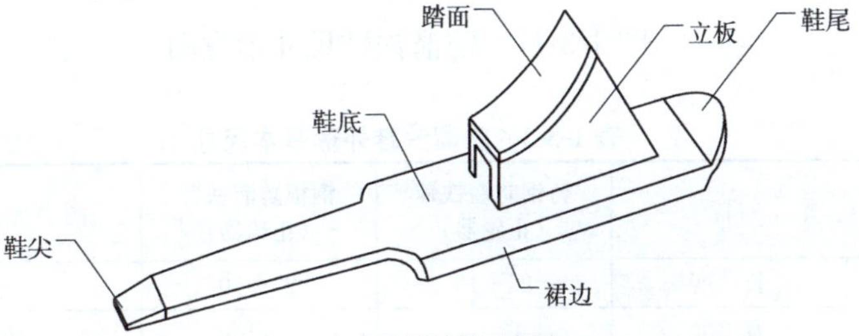

(a) 防溜铁鞋示意图

(b) 普通防溜铁鞋

(c) 智能防溜铁鞋

图 1-3-16　防溜铁鞋

①防溜铁鞋的外形基本尺寸及公差见图 1-3-17 和表 1-3-3。

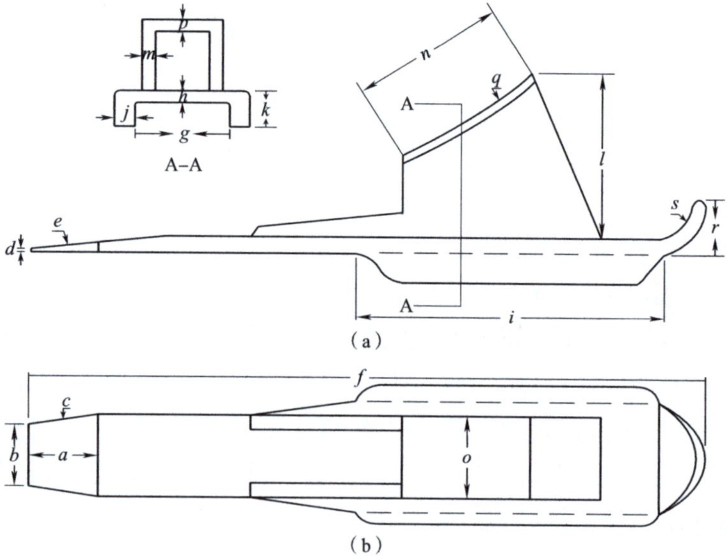

图 1-3-17 防溜铁鞋尺寸示意图

表 1-3-3 防溜铁鞋外形基本尺寸 （单位：mm）

项　　目		铸钢防溜铁鞋（止轮器）	钢板防溜铁鞋（止轮器）	图中所示部位
鞋尖	长　度	25+10	25+10	*a*
	宽　度	35+5	35+5	*b*
	尖与底宽度	直线过渡	直线过渡	*c*
	厚　度	2+1	2+1	*d*
	尖与底厚度	直线过渡	直线过渡	*e*
鞋底	长　度	400±10	400±10	*f*
	裙边内侧宽度	76+4	76+4	*g*
	厚　度	6+2	5+3	*h*
裙边	长　度	150+10	150+10	*i*
	厚　度	6+2	5+3	*j*
	高　度	20-2	20-2	*k*

续上表

项　目		铸钢防溜铁鞋（止轮器）	钢板防溜铁鞋（止轮器）	图中所示部位
立板	高　度	118±3	118±3	*l*
	厚　度	6+2	5+3	*m*
踏面	长　度	100±2	100±2	*n*
	宽　度	55+5	55+5	*o*
	厚　度	6+2	5+3	*p*
	上面弧度	车辆 R420 机车 R470	车辆 R420 机车 R470	*q*
鞋尾	翘起高度	25+10	25+10	*r*
	翘起弧度	*R*40	*R*40	*s*

②防溜铁鞋使用要求：

a. 车轮踏面密贴在防溜铁鞋踏面上时的碾压点应在其鞋尖向后 45～50 mm 处。

b. 防溜铁鞋底面及尖部应平直与轨面密贴，尖部上翘量不超过 2 mm。

c. 防溜铁鞋应有防盗装置，锁闭、开启方便；防盗装置不应影响线路、车辆设备安全。

3. 禁止使用的铁鞋

(1)支座有裂纹。

(2)没有挡板或挡板损坏。

(3)底板扭曲。

(4)铁鞋尖端翘尖与轨面有间隙。

(5)铁鞋尖端破损或弯曲。

(6)铁鞋尖端宽度超过轨面宽度。

(7)支座或底板的焊接破裂。

(8)底板边缘损坏，磨耗过甚或弯曲。

(9)铁鞋尺寸与钢轨类型不符。

(10)铁鞋底板有冰雪、油渍或盐碱等润滑物质。

(11)防溜铁鞋出现防盗装置失效时不应继续使用。

(二)人力制动机紧固器

人力制动机紧固器是指铁路货车在线路上停留时,由人工在地面拧紧人力制动机防止车辆溜逸的工具,如图 1-3-18 所示。适用于配置水平轮链式(链式)、脚踏式、垂直轮齿轮传动式的铁路货车。

图 1-3-18 人力制动机紧固器

(三)防溜枕木

防溜枕木为贯通式,材质坚固,并加锁管理,如图 1-3-19 所示。

橡胶防溜枕木由防溜主体和连杆两部分组成。防溜主体采用纤维编织层的高强度合成橡胶,须具有耐承载冲击力、耐腐蚀性和耐热耐寒性;连杆采用 5 号槽钢,粘有起警示作用反光条;防溜枕木锁具在防溜主体上采用铁路通用的三角锁。

(a) 木制防溜枕木

(b) 橡胶防溜枕木

图 1-3-19 防溜枕木

(四)止轮器

止轮器是放在静止状态的机车、车辆车轮下对其进行阻挡的安全防溜器具,如图 1-3-20 所示。一般多用于车辆检修所、客车整备库等线路使用。

(a) 单面止轮器　　(b) 双面止轮器

图 1-3-20　止轮器

思考题:

1. 无线调车灯显设备主要包括哪些?
2. 提钩摘管器的作用有哪些?
3. 调车手信号灯一般有哪几种灯光显示功能?
4. 使用铁鞋叉子时,前手距叉杆前部(安装叉头部位)不少于多少?
5. 除人力制动机外,防溜器具有哪些?

第二章　基本技能

基本技能是连结员现场作业必须掌握的作业技能。本章主要介绍手信号显示、现场检查、防溜安撤、准备进路、排风及摘结软管、上下车要领、观速观距及工具备品使用、工作交接等基本作业知识。

第一节　手 信 号

培训目标：学员须掌握调车手信号和联系用手信号显示要求、方式及意义，正确掌握手信号显示的标准和动作要领，并能根据实际作业要求正确显示手信号；能够使用手信号进行调车作业。

教授方法：教师应通过课堂讲解，动作示范，学员跟学方式教授学员手信号显示的标准和动作要领，并拟定现场演练计划，采用一批作业计划中的组合手信号进行模拟演练。

教学组织：教师分解动作示范手信号显示，学员跟学、演练，教师指导；组织学员演练信号，熟练掌握手信号显示要求、方式及意义。拟定一批调车作业计划模拟手信号作业练习，学员较多时分组练习。

练习方法：信号操练习。教师先示范手信号，学员跟学，然后学员按教师口令显示手信号，教师指导，将手信号分成若干组，教师组织分组练习。

模拟场景练习。按学员数量分成若干小组，按拟定调车作业计划，学员按作业场景要求显示相应手信号，教师检查指导。

所需物品：红白信号灯。

调车手信号是调车作业指挥、联系的视觉信号。指挥机车作业的手信号只能由调车指挥人来显示，采用手信号作业时，昼间连结员按各信号显示要求徒手显示信号；夜间连结员使用能发出红、白色灯光的信号灯向调车指挥人显示信号。

正确显示调车手信号是作业人员必须具备的基本功，手信号显示不明或错误，一是影响作业进度，二是导致发生事故。

一、调车手信号显示方式及意义

1. 停车信号：指示调车车列停车。

昼间——展开的红色信号旗；夜间——红色灯光（图 2-1-1）。

昼间无红色信号旗时，两臂高举头上向两侧急剧摇动；夜间无红色灯光时，用白色灯光上下急剧摇动（图 2-1-2）。

图 2-1-1

图 2-1-2

2. 减速信号：指示调车车列降低速度。

昼间——展开的绿色信号旗下压数次；夜间——绿色灯光下压数次(图 2-1-3)。

图 2-1-3

3. 指挥机车向显示人方向来的信号：

昼间——展开的绿色信号旗在下部左右摇动；夜间——绿色灯光在下部左右摇动(图 2-1-4)。

图 2-1-4

4. 指挥机车向显示人方向稍行移动的信号：

昼间——拢起的红色信号旗直立平举，再用展开的绿色信号旗左右小动；夜间——绿色灯光下压数次后，再左右小动(图 2-1-5)。

5. 指挥机车向显示人反方向去的信号：

昼间——展开的绿色信号旗上下摇动；夜间——绿色灯光上下摇动(图 2-1-6)。

图 2-1-5

图 2-1-6

6. 指挥机车向显示人反方向稍行移动的信号：

昼间——拢起的红色信号旗直立平举，再用展开的绿色信号旗上下小动；夜间——绿色灯光上下小动(图 2-1-7)。

图 2-1-7

对显示以上第 2、3、4、5、6 款中转信号时，昼间可用单臂，夜间可用白色灯光依式中转。

二、联系用手信号显示方式及意义

1. 道岔开通信号：表示进路道岔准备妥当。

昼间——拢起的黄色信号旗高举头上左右摇动；夜间——白色灯光高举头上(图 2-1-8)。

图 2-1-8

2. 股道号码信号：要道或回示股道开通号码。

一道：昼间——两臂左右平伸；夜间——白色灯光左右摇动(图 2-1-9)。

图 2-1-9

二道：昼间——右臂向上直伸，左臂下垂；夜间——白色灯光左右摇动后，从左下方向右上方高举(图 2-1-10)。

图 2-1-10

三道:昼间——两臂向上直伸;夜间——白色灯光上下摇动(图 2-1-11)。

图 2-1-11

四道:昼间——右臂向右上方,左臂向左下方各斜伸 45°角;夜间——白色灯光高举头上左右小动(图 2-1-12)。

图 2-1-12

五道:昼间——两臂交叉于头上;夜间——白色灯光作圆形转动(图 2-1-13)。

图 2-1-13

六道:昼间——左臂向左下方,右臂向右下方各斜伸 45°角;夜间——白色灯光作圆形转动后,再左右摇动(图 2-1-14)。

图 2-1-14

七道:昼间——右臂向上直伸,左臂向左平伸;夜间——白色灯光作圆形转动后,左右摇动,然后再从左下方向右上方高举(图 2-1-15)。

八道:昼间——右臂向右平伸,左臂下垂;夜间——白色灯光作圆形转动后,再上下摇动(图 2-1-16)。

图 2-1-15

图 2-1-16

九道:昼间——右臂向右平伸,左臂向右下斜 45°角;夜间——白色灯光作圆形转动后,再高举头上左右小动(图 2-1-17)。

图 2-1-17

十道:昼间——左臂向左上方,右臂向右上方各斜伸 45°角;夜间——白色灯光左右摇动后,再上下摇动作成十字形(图 2-1-18)。

图 2-1-18

十一至十九道，须先显示十道股道号码，再显示所要股道号码的个位数信号。

二十道及其以上的股道号码，各站根据需要自行规定，并纳入《站细》。

3. 连结信号：表示连挂作业。

昼间——两臂高举头上，使拢起的手信号旗杆成水平末端相接；夜间——红、绿色灯光（无绿色灯光的人员，用白色灯光）交互显示数次（图 2-1-19）。

图 2-1-19

4. 溜放信号：表示溜放作业。

昼间——拢起的手信号旗两臂高举头上交叉后，急向左右摇动数次；夜间——红色灯光作圆形转动（图 2-1-20）。

图 2-1-20

5. 停留车位置信号:表示车辆停留地点。

夜间——白色灯光左右小摇动(图 2-1-21)。

图 2-1-21

6. 十、五、三车距离信号:表示推进车辆的前端距被连挂车辆的距离。

昼间——展开的绿色信号旗单臂平伸;夜间——绿色灯光,在距离停留车十车(约 110 m)时连续下压三次,五车(约 55 m)时连续下压两次,三车(约 33 m)时下压一次(图 2-1-22)。

7. 取消信号:通知将前发信号取消。

昼间——拢起的手信号旗,两臂于前下方交叉后,急向左右摇动数次;夜间——红色灯光作圆形转动后,上下摇动(图 2-1-23)。

8. 要求再度显示信号:前发信号不明,要求重新显示。

昼间——拢起的手信号旗右臂向右方上下摇动;夜间——红色灯光上下摇动(图 2-1-24)。

图 2-1-22

图 2-1-23

图 2-1-24

9. 告知显示错误的信号:告知对方信号显示错误。

昼间——拢起的手信号旗两臂左右平伸同时上下摇动数次;

夜间——红色灯光左右摇动(图 2-1-25)。

图 2-1-25

10. 联络信号:要求显示信号。

昼间——拢起的手信号旗或徒手单臂向上高举;夜间——白色灯光向上高举(图 2-1-26)。

图 2-1-26

11. 指示司机鸣笛信号:指示司机按规定鸣笛。

昼间——拢起的手信号旗或徒手小臂向上直立上下小动;夜间——绿色或白色灯光上下小动(图 2-1-27)。

12. 试闸良好(钩已提开)信号:表示人力制动机已经试验良好或车钩已经提开。昼间及夜间显示方式均同联络信号。

13. 好了信号:通知此项作业已按规定正确完成。

昼间——拢起手信号旗或徒手上弧线向车辆方面作圆形转动;夜间——白色灯光上弧线向车辆方面作圆形转动(图 2-1-28)。

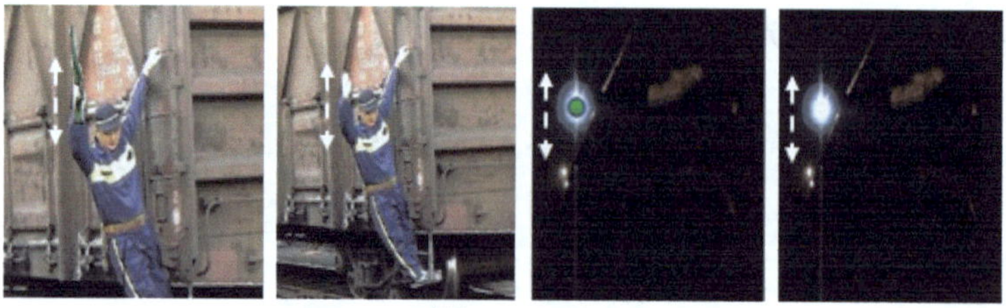

图 2-1-27

图 2-1-28

14. 试拉信号:要求对车组(列)进行全部拉动试验。

昼间——拢起的红色信号旗直立平举,再用展开的绿色信号旗上下小动(徒手时,左小臂直立高举,右臂上下小动);夜间——绿色或白色灯光上下小动(图 2-1-29)。

图 2-1-29

15. 推进信号:表示前方进路可以运行。

昼间——展开的绿色信号旗平伸。前部的调车人员负责瞭望,正常情况下可不显示信号;夜间——绿色或白色灯光。(图2-1-30)。

图 2-1-30

16. 指示司机加速信号:指示司机加速运行。

昼间——展开的绿色信号旗或单臂平伸左右迅速摇动;夜间——绿色或白色灯光左右迅速摇动(图 2-1-31)。

图 2-1-31

17. 试验列车自动制动机的手信号显示方式如下:

(1)制动

昼间——用检查锤高举头上;夜间——白色灯光高举(图2-1-32)。

(2)缓解

昼间——用检查锤在下部左右摇动;夜间——白色灯光在下部左右摇动(图 2-1-33)。

图 2-1-32

图 2-1-33

(3)试验结束

昼间——用检查锤作圆形转动;夜间——白色灯光作圆形转动(图 2-1-34)。

图 2-1-34

车站人员显示制动、缓解、试验结束信号时，昼间可用拢起的信号旗代替。司机应注意瞭望试验信号，并按规定回答。

如列车制动主管未达到规定压力，试验人员要求司机继续充风时，按照缓解的信号同样显示。

三、手信号显示要求

手信号显示时，要位置适当，正确及时，横平竖直，灯正圈圆，角度准确，段落清晰，以确保作业人员之间确认准确，防止臆测作业。特别是夜间使用手信号灯不标准时，极易造成显示不明或误判，从而给安全带来重大隐患。

四、使用手信号灯显示信号练习方法

按下手信号灯按钮，打开手信号灯，面向距离自己 3 m 以外的墙壁，看信号灯光线是否聚光，如果不聚光，可以旋转灯头来调试光线，调好光线后，手握信号灯，以臂肘为轴，使光线始终对准被显示人的方向，练习各种信号显示方式，做到横平竖直，灯正圈圆，角度准确，段落清晰。

【要点概括】

昼间股道手信号：

一平二竖三高举，四斜五叉六牵拉，

七上八下九一撇，十道两手斜上举。

夜间股道手信号：

一横二折三上下，四上小动五画圈，

六七八九圈上加，十道横竖画交叉。

思考题：

1. 显示手信号要执行哪些标准和要求？

2. 调车手信号有几种,如何显示?

3. 道岔开通、连结、溜放、停留车位置、十五三车距离、取消、要求再度显示、告知显示错误信号如何显示,其意义是什么?

4. 一至九道道岔开通信号如何显示?

5."好了"、试拉、要求司机鸣笛、加速、推进(领车)、联络信号如何显示,其意义是什么?

第二节 现场检查

培训目标:使学员能够掌握现场作业检查项点和方法,并能对发现的问题正确及时处理。

教授方法:教师应通过课堂讲解、现场实践进行教授,采用预置问题的方法进行训练。

教学组织:由教师带领学员对道岔、线路、防护信号、脱轨器、道口、大门、货物堆放、装卸机具、车钩、软管、人力制动机、防跳插销、防溜措施、关门车、轮对(油轮、锈轮、面、盐、碱、漆)及车下障碍物进行检查,讲解检查要点。

练习方法:根据教师和学员数量进行分组练习。教师为每名学员设置故障,前一名学员检查处理故障的同时,教师为下一名学员设置故障(不能实际设置的故障,如脱轨、车轮生锈、钢轨弯曲等情况,可比照附件《实训考核方案》设置方法设置)。每名学员检查结束后,由教师进行点评。

所需物品:手持电台。

一、线路检查

根据作业计划,检查道岔、线路、防护信号、脱轨器、道口、大门、货物堆放、装卸机具等，具体检查项点及要求如下：

1. 道岔：确认道岔开通位置正确、尖轨与基本轨密贴、道岔无异状、道岔无夹杂异物。

【注解】(1)确认道岔开通位置正确：检查时，顺线路安全地点行走，根据作业计划，确认道岔开通位置正确。

(2)尖轨与基本轨密贴：主要指到达现场后，检查尖轨与基本轨密贴良好，没有明显的分离情况。

(3)道岔无异状：检查道岔基本轨与尖轨、辙叉没有明显的断裂、断痕。

(4)道岔无夹杂异物：现场确认尖轨与基本轨之间、护轮轨与辙叉心处没有夹杂异物。常见异物多为石块、木块(清扫道岔遗落的掩木)及工务、电务作业遗落的工具等。

对于装有加锁装置的道岔还应检查加锁装置是否良好。

2. 线路：确认线路有无异状(路基下沉、钢轨弯曲变形等)，线路上有无障碍物(石块、木块、遗落的装卸工具等)，有无侵入限界的装卸机具。

【注解】(1)路基下沉：暴雨过后有水漫线路、路基下沉情况及时报告。

(2)钢轨弯曲变形：作业前检查发现钢轨弯曲变形及时报告调车指挥人，作业中发现钢轨弯曲变形立即采取停车措施后，再报告调车指挥人。

(3)障碍物：顺着线路行走检查时，看钢轨上、道心、线路两旁无危及作业安全的石块、木块、遗落的装卸工具等，站内或专用线采用整体硬面化的场地，要检查线路轮缘槽内无杂物。站内或专用线设置的平过道多数为了方便行人及装卸用的机动车通过，所以在设置的时候钢轨与路面基本处于同一水平面，如果发现轮缘槽内杂物、硬物后未及时清理，会导致调车车列在经过此处时轮缘压上硬物后脱轨，发生事故，所以在检查过程中发现杂物硬物后要及时清理，从而保证调车作业安全。

(4)没有侵入限界的装卸机具。

(5)装卸车遗落的装卸工具，如装卸用的撬棍、铁锹、扫帚等。

3. 防护信号：确认防护信号已撤除。

【注解】 检查时对装卸车、列检、施工作业过程中安设的防护牌(灯)确认已撤除。对有安设防护牌(灯)的地段，确认防护牌(灯)已从钢轨上撤下，并且摆放在线路两旁不影响安全的距离以外。防护信号没有撤出时，应报告调车指挥人，按相关规定提前停车；联系相关部门撤出防护信号后方可继续作业。

4. 脱轨器：确认脱轨器在开通(落下)线路状态。

【注解】 脱轨器在遮断状态下，昼间显示带白边的红色长方牌，夜间为红色灯光，脱轨器在开通状态下昼见为带白边的绿色圆牌，夜间为月白色灯光。在检查时，无论脱轨器有无表示器，都要认真确认脱轨器状态。脱轨器在遮断状态时禁止机车车辆越过，在开通状态时允许机车车辆越过。

5. 道口：确认道口防护栏杆关闭，设置监护的道口监护人员在岗在位，道口槽无异物。

6. 大门：确认大门开启、状态良好、门钩挂牢。在检查过程中对带有风钩的大门要重点确认是否完全开启，大门风钩是否挂好，牢固，防止大门在风天摇晃侵限。电动控制的大门确认开启到位。

7. 货物堆放：确认货物堆放距离、牢固状态。站台上摆放的货物要检查无倾斜、无倒塌、无突出部位，散装货物无散落迹象，一旦出现倾斜、倒塌、散落情况，严禁靠近、触摸，及时报告调车指挥人，避免出现人身伤害。

【注解】 货物堆放距离要符合要求。由线路中心线起至堆放货物的距离为：轨距 1 435 mm 的二分之一，加钢轨头部宽（50 kg 或 43 kg 轨）70 mm，再加钢轨头部外侧至堆放货物距离 1.5 m，等于 2 287.5 mm，减去机车车辆限界自线路中心线计算距离 1 700 mm，等于 587.5 mm，即堆放货物与机车车辆间的距离，这个距离为调车人员走行与显示信号所必需的空间，在一般情况下，一个人的身宽为 500 mm，587.5 mm 的间隔距离是保证调车人员的安全通行的最低要求。

8. 装卸机具：作业线路侵限装卸机具已撤离，可能侵入作业线路限界的机具作业已停止。

【注解】 装卸机具指的是输送机、挖掘机、铲车、吊车、叉车及机动车辆等。检查时，要求装卸机动车辆停止作业，给予必要的安全提示，并要保证符合货物堆放距离的要求，达到不侵限、不危及作业人员的人身安全。

二、车辆检查

车辆检查时，要检查车钩、软管、防跳插销、防溜措施、关门车、轮对（油轮、锈轮、面、盐、碱、漆）及车下障碍物、装卸未完的进度等。具体检查项点及要求如下：

1. 车钩：确认车钩状态良好，连挂妥当。待连挂两车钩位置正确。

【注解】 连挂妥当确认：上提钩确认钩锁铁锁脚在钩头底部漏出圆孔或锁脚半圆；下提钩确认下锁销孔全部露出。

待连挂两车钩位置：至少有一个车钩处于全开位置。

2. 软管：确认软管的状态良好，胶圈完好无损。

【注解】 检查软管无破损，对作业中需要连结的软管要确认软管连结器里的胶圈完好无损。

3. 防溜措施：确认防溜措施状态良好。

【注解】 防溜的目的是防止车辆溜逸，防溜措施不达标会造成车辆自行溜逸或在挂车过程中受冲撞溜逸，检查时必须确认防溜措施状态良好。对不该采取防溜措施的车辆应确认制动活塞和闸杆处的闸链松弛。对应该采取防溜措施的车辆应检查制动活塞和闸杆处的闸链完好，闸链紧绷，闸链轴与车辆端部有一定的空间，各部件完好无损，并处于工作状态；铁鞋鞋尖、止轮器紧贴车轮踏面；防溜枕木按规定安放，发现不达标问题立即整改。

4. 折角塞门：确认需连接软管车辆间折角塞门处于全开状态，末端车辆折角塞门处于关闭状态。

【注解】 折角塞门与制动主管处于平行时为全开状态，折角塞门与制动主管垂直时为关闭状态。无折角塞闭把手时，阀心开通线与制动主管平行为全开状态，阀心开通线与制动主管垂直为关闭状态。

5. 关门车：确认车辆截断塞门关闭状态，确保编组的列车中，关门车符合编组要求。

【注解】 关门车系指关闭截断塞门使自动制动机失去作用的车辆。关闭车辆截断塞门的原因主要有车辆自动制动机发生故障、装载货物的需要或其他情况下的人为关闭。截断塞门安装在制动支管上，检查时确认截断塞门手把位置，与制动支管垂直 90°时即为关门车（图 2-2-1），无手把时确认阀心开通线位置，与支管垂直时为关门车，与支管平行时不是关门车（图 2-2-2）。发现关门车要及时报告调车指挥人，并将关门车的所在位置一并报告。

截断塞门安装位置如图 2-2-3 所示。

图 2-2-1　截断塞门关闭状态(关门车)

图 2-2-2　截断塞门开通状态

图 2-2-3　截断塞门安装位置

6. 轮对：确认轮轨关系正常，轮对是否附着危害作业物质（油、锈、面、盐、碱、漆）。

【注解】 轮轨关系不正常时，车辆移动会扩大事故后果。轮对附着危害物质，一是会使车辆本身制动摩擦力减小，列车一旦出现紧急情况，在制动距离内不能将列车停下，就会导致事故发生；二是形成隔离层，不能对轨道电路有效分路，发生分路不良。所以在发现轮对有附着危害物时，及时报告调车指挥人，在不能处理的情况下，锈、面、盐、碱轮车执行分路不良区段作业办法。

7. 防跳插销：确认防跳插销状态。

【注解】 溜放作业前应将需要摘开车辆的防跳插销拔下，防止摘解作业时提不开钩。

编成的车列必须将防跳插销插上，防跳插销未安插，列车在运行途中受地势的影响，车辆间发生冲挤容易使钩锁销弹起，会造成列车脱钩分离事故。

三、线路、车辆检查方法

1. 确认道岔密贴应在道岔正上方确认，避免距离过远确认不准；检查线路要彻底，按车辆送到哪检查到哪的原则。

2. 检查车下障碍物及轮轨关系时，必须按远看、斜看、回头看的原则进行检查，具体检查车辆程序如下：

(1)始端检查：远看斜看第一辆 1 位端走行部车轮下有无障碍物及轮轨关系，检查人力制动机松紧、铁鞋鞋尖紧贴车轮踏面、调整好钩位，防溜不达标时应处理达标。

(2)中部检查：走到第一辆车 1 位端走行部时远看斜看第一辆 2 位端走行部车轮下障碍物及轮轨关系，走到第一辆车中部时检查车辆下钢轨面有无障碍物，看闸链、制动活塞、折角塞门状态，再回头斜看第一辆车1位端走行部车轮下有无障碍物及轮轨关系。

(3)连接处检查:走到第一辆车2位端走行部时,远看斜看第二辆车1位端走行部车轮下有无障碍物及轮轨关系,按视线先后顺序检查第二位车辆端部闸链、折角塞门、两车钩钩锁铁落槽情况,软管连接、钢轨面障碍物及轮轨关系、对面折角塞门、第一辆车端部闸链松紧,然后回头斜看第一辆车2位端走行部车轮下障碍物及轮轨关系。从第二辆第一位端走行部位置依次按上述步骤依次对其他车辆进行检查。

(4)末端检查:走到车组末端时,回头检查末端车辆走行部车轮下有无障碍物及轮轨关系、人力制动机松紧,铁鞋鞋尖紧贴车轮踏面,需要接管作业时关闭折角塞门。重点检查防溜措施,防溜不达标时应处理达标。

【要点概括】

线岔检查看进路,限界之内无异物;
货物堆放要稳固,安全距离要留足;
装卸作业已停止,防护信号已撤除;
大门门钩须挂好,轮缘槽内无异物;
车辆检查钩管闸,检查走行看加固;
发现问题及时报,挂车需待隐患除。

思考题:

1. 检查线路时应检查哪些事项?
2. 检查车辆时应检查哪些事项?
3. 用什么方法检查线路、车辆才能保证检查彻底不漏项?

第三节　防溜安撤

培训目标：使学员会使用各种防溜工具，掌握采取和撤除防溜措施的时机和方法；掌握车辆的停留和防溜的规定，能按规定对停留车辆采取和撤除防溜措施。

教授方法：教师应通过理论讲解、现场演示、组织学员实际操作的方法进行教授。

教学组织：将实训场地假设为各种等级的车站线路、专用线，采取防溜措施。

练习方法：教师现场演示各种防溜工具的使用方法和故障的处理，讲解各种防溜措施的标准，学员练习各种防溜工具的使用方法和防溜作业标准。

使用人力制动机防溜时，学员练习安全带的使用方法。

所需物品：铁鞋、止轮器、人力制动机紧固器等。

调车作业摘车时，必须车列停妥后，按规定采取防溜措施后方可摘开车钩；挂车时，没有连挂妥当，不得撤除防溜措施。

一、防溜铁鞋的使用

使用铁鞋防溜时，鞋尖应紧贴车轮踏面，靠近鞋尖侧的鞋边高度不超过轨面高度、牢靠固定。

（一）货车铁鞋防溜

加防盗链铁鞋防溜的误区：

止轮铁鞋防盗链短或拴挂位置过远，止轮加锁后，看似止轮良好，但车轮根本压不到防溜铁鞋鞋尖，防盗链可以拽着铁鞋移动，起不到防溜止轮作用，如图 2-3-1 所示。

正确的止轮方式：一是止轮铁鞋防盗链长短要达标，达到 2 m 左右，二是加锁拴挂位置要保证铁鞋链有余量，保持一定的弛度，确保车辆移动而铁鞋不动，起到止轮作用，如图 2-3-2 所示。

图 2-3-1　铁鞋防盗链过短

图 2-3-2　铁鞋防盗链长短适当

（二）客车铁鞋防溜

客车车辆铁鞋防溜的几个误区：

第一种误区：制动装置阻挡，造成假防溜，一旦车辆移动，将推着铁鞋移动，起不到防溜作用，如图 2-3-3 所示。

正确的止轮方式：遇该种车型止轮时，止轮铁鞋必须放在闸瓦托横梁内侧止轮，如图 2-3-4 所示。

图 2-3-3　铁鞋安放在闸瓦托横梁外侧

图 2-3-4　铁鞋安放在闸瓦托横梁内侧

第二种误区：因轮辋磨耗较大，加之闸瓦钎子长，闸瓦钎子尖端在铁鞋踏面内侧，车辆缓解后，闸瓦钎子将止轮铁鞋顶开，造成止轮不彻底，如图 2-3-5 所示。

正确的止轮方式：安放止轮铁鞋时，铁鞋踏面移到闸瓦钎子内侧后止轮，如不能移动，铁鞋必须压死，防止车辆缓解后，闸瓦钎子将止轮铁鞋顶开，如图 2-3-6 所示。

图 2-3-5　铁鞋安放于闸瓦钎子外侧

图 2-3-6　铁鞋安放于闸瓦钎子内侧

（三）禁止使用非标准防溜铁鞋止轮

非标准防溜铁鞋鞋尖、鞋底长度不够，遇大轮车时，会造成车轮压不实防溜铁鞋发生溜逸事故；制动铁鞋踏板弧度与车轮踏面弧度不一致或立板高度不足，造成车辆越鞋等问题。

（四）机车使用铁鞋防溜时，应使用机车自备铁鞋

因为机车车轮直径比车辆直径大，机车自配铁鞋挡板的弧度是专门为机车车轮设计，符合车轮的弧度尺寸要求，比普通防溜铁鞋更有效。

二、人力制动机的使用

人力制动机主要供调车作业时对溜放车组调速、制动和对停留车辆防溜使用。在每节车辆的一端，都装有一套人力制动机。操纵人力制动机制动时，通过制动链、手制动拉杆经过一系列杠杆作用，将制动力传到闸瓦，压迫车轮，产生制动力。货车人力制动机分为旋转式又称链子闸、螺杆式又称螺丝闸、掣轮式又称盒子闸、脚踏式人力制动机和 NSW 型及 FSN 型人力制动机等。

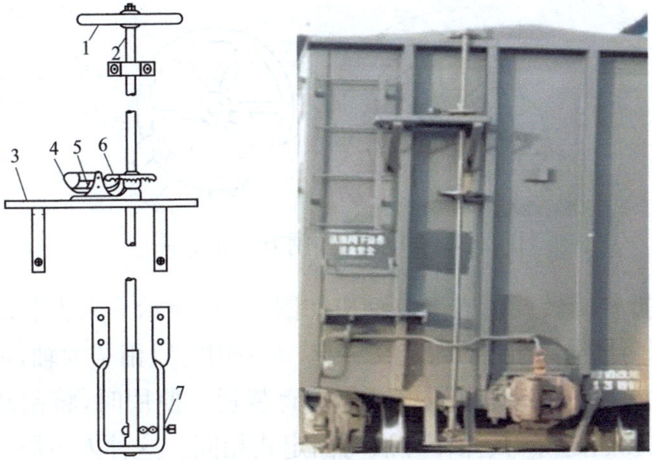

1—制定手轮；2—制动轴；3—踏板；4—掣子锤；5—掣子；6—掣轮；7—制动链

图 2-3-7　固定式旋转人力制动机

(一)旋转式人力制动机(链子闸)

旋转式人力制动机(链子闸)分为固定式和折叠式两种。

1. 固定式旋转人力制动机多用在棚车、敞车、罐车等类型的车辆上，其构造如图 2-3-7 所示。

防溜时，作业人员站在踏板上，脚踩掣子，顺时针方向旋转人力制动机手轮，手制动轴随之转动，则手制动链卷在轴上，通过基础制动装置的传动使闸瓦压紧车轮踏面，而产生制动作用，当拧紧以后可以用掣子锤在掣轮掣子上将制动轴固定。缓解时，将掣子锤打开，顺时针用力拧紧后，瞬间松开，再逆时针方向旋转人力制动机手轮，使手制动链松开。

使用旋转式人力制动机时，要会使用“端闸”和“勒闸”(图 2-3-8)的方法拧闸。上闸前检查制动活塞处和闸杆处闸链良好，缠好闸链后上闸。要求“上车先挂钩，下车先摘钩”，不允许在不把扶手的情况下摘挂安全钩，不允许在站台上双手同时离开扶手或闸盘、车帮(撤闸时除外)，下车时要在最下面脚蹬下车。

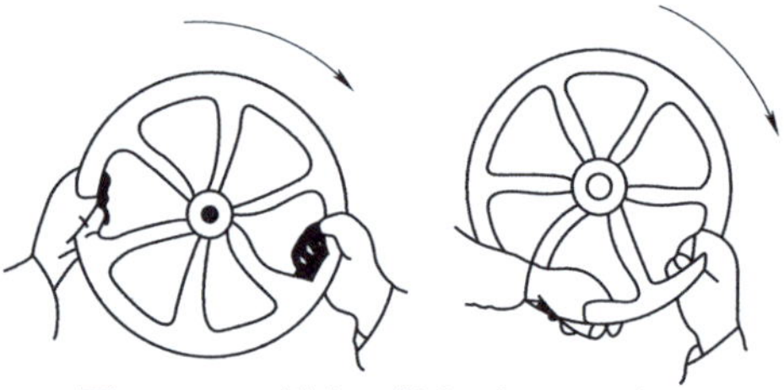

图 2-3-8　端闸、勒闸方法示意图

2. 折叠旋转式的人力制动机如图 2-3-9 所示。人力制动轴分为上、下两部分，用销子固定在一起，不使用时以销子为轴，把上部放倒，放在人力制动轴托内，以免妨碍装货。使用时，将制动杆竖起，用轴套固定好，其操作方法与固定式相同。这种人力制动机大部分装在平车上。

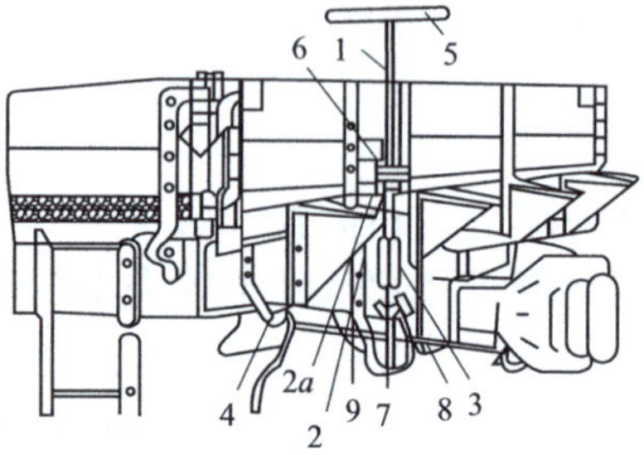

(a) 使用时

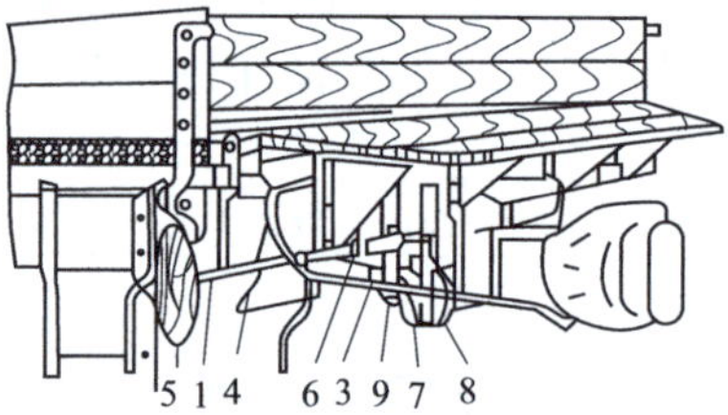

(b) 不使用时

1—人力制动轴；2—轴卡板；2a—止销；3—轴套；4—人力制动轴手把托；5—人力制动手轮；6—人力制动掣轮；7—人力制动轴托；8—人力制动轴导架；9—人力制动链

图 2-3-9　折叠旋转式人力制动机

(二)螺杆式人力制动机(螺丝闸)

我国货车中只有部分载重 50 t 棚车及部分长大货物车采用螺杆式人力制动机,其构造如图 2-3-10 所示。

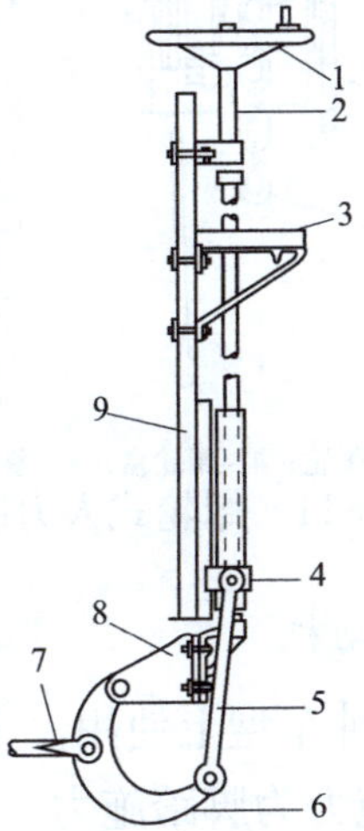

1—制动手轮; 2—制动轴; 3—踏板; 4—螺母; 5—连杆;
6—曲拐; 7—人力制动拉杆; 8—曲拐支点; 9—车辆端板

图 2-3-10　螺杆式人力制动机

防溜时,顺时针方向旋转手轮,使螺杆转动,则螺母上升,带动曲杠杆,牵动基础制动装置,使闸瓦压紧车轮踏面起制动作用。

缓解时,反方向旋转手轮,螺母下降,通过基础制动装置使制动机缓解。

(三)掣轮式人力制动机(盒子闸,如图 2-3-11 所示)

防溜时,将缓解手把放置制动位,上下扳动制动手把,则手把尖端拨动掣轮转动,使手制动链卷在轴上,通过曲杠杆牵动拉杆,再经过基础制动装置,使制动机起制动作用。

缓解时,扳动缓解手把,使其另一端离开掣轮,则掣轮借链条自重及反拨力而松开制动链,使制动机缓解。这种制动机使用时容易卡链及断链，只在少数车辆上采用。

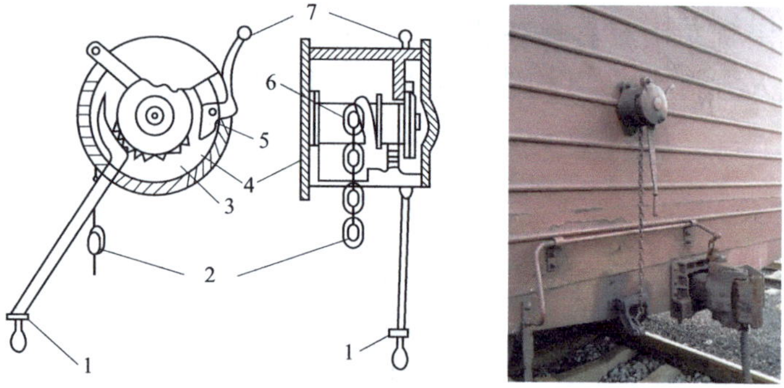

1—制动手把；2—制动链；3—掣轮；4—掣轮盒；5—掣子；6—制动链轴；7—缓解手把

图 2-3-11　掣轮式人力制动机

（四）脚踏式人力制动机

脚踏式制动机在多种车型上使用。主要特点是改变了人力制动的施力形式，即改手施力为脚踏施力。其优点是安全性好，制动力大，操作简便，省力，利于瞭望，不需保养。脚踏式制动机的构造如图 2-3-12 所示。

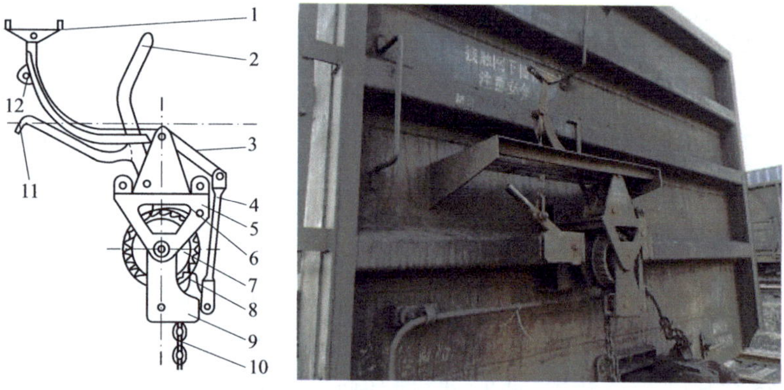

1—脚蹬；2—控制杆；3—脚踏杠杆；4—拉杆；5—壳体；6—止动棘爪；7—绕链棘轮；8—绕链棘爪；9—重链连块；10—制动链；11—锁鼻；12—耳环

图 2-3-12　脚踏式制动机

防溜时，将控制杆置于左位即制动位，止动棘爪将阻止绕链棘轮倒转，不断踏动脚蹬，通过脚踏杠杆、拉杆使绕链棘爪嵌入绕链棘轮，棘齿带动绕链棘轮转动，拉紧制动链，使车辆进入制动状态。此人力制动机在静态防溜时，将控制杆置于左位(即制动位)，可在地面操作手动拉杆，拉动脚踏杠杆，拉紧制动链，达到防溜目的，省时省力，便于现场操作。

缓解，将控制杆用力置于右位即缓解位，则止动棘爪脱离绕链棘轮，该轮在已经拉紧的制动链作用下迅速倒转，实现缓解。

(五)FSW型人力制动机

FSW型人力制动机是引进的国外机型，其特点是制动力大，具有快速缓解和阶段缓解功能，操作简单。由于在敞车端墙上的安装位置使人力制动机低于端梁，适合于翻车机作业。现场调查也表明，没有出现由于装卸货物造成损坏的情况。但其结构比较复杂，制造精度要求高。

FSW型人力制动机由手轮、主动轴、卷链轴、手柄，底板，外壳等零部件组成。NSW型人力制动机构造如图2-3-13所示。

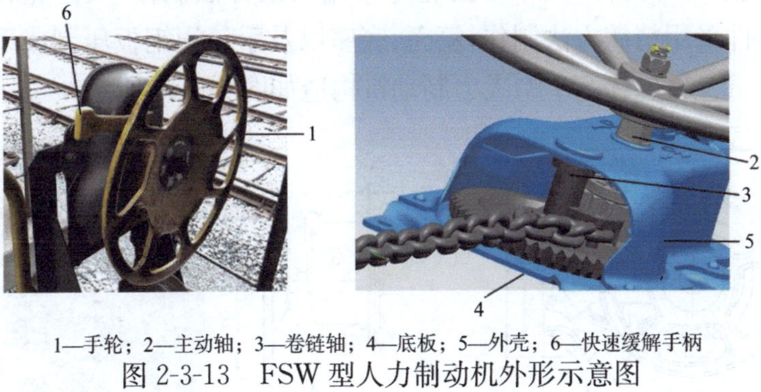

1—手轮；2—主动轴；3—卷链轴；4—底板；5—外壳；6—快速缓解手柄

图2-3-13　FSW型人力制动机外形示意图

制动："快速缓解手柄"置于常用位，顺时针方向转动手轮，可使链条产生和保持制动力。

阶段缓解："快速缓解手柄"置于常用位，逆时针方向转动手轮，可使闸链逐渐松开，达到缓解目的。

快速缓解：将“快速缓解手柄”按顺时针方向推向缓解位，链条可迅速松开，且此时手轮没有转动即可达到缓解目的。

注意事项：使用 NSW 人力制动机和 FSW 人力制动机制动时，要防止闸链在轮轴部位堆积过多，造成闸盘虽然拧紧，但是制动活塞至闸链轴之间的闸链不紧现象；缓解时，要检查闸链全部松开，防止闸链在卷链轴中缠绕过多，造成不完全缓解现象。

（六）NSW 型人力制动机

NSW 型人力制动机是我国在 FSW 型人力制动机的基础上，经局部改进而成，保留了 FSW 型人力制动机的优点，简化了结构，具有较好的防溜功能，提高了车辆停放安全，在对 FSW 型人力制动机改进时，减少了人力制动机机体的垂向高度和手轮的直径，满足我国人力制动机对每轴 10 kN 换算闸瓦压力的要求，并取消了阶段缓解功能。主要包括手轮、箱壳、底座、棘轮、大齿轮、小齿轮、离合器、链条等零部件，其中小齿轮等采用模锻方法制作，大齿轮、棘轮等零件采用精铸方法制作，箱壳、底座以及手轮用钢板压制成型，刚度好、重量轻。NSW 型人力制动机构造如图 2-3-14 所示。

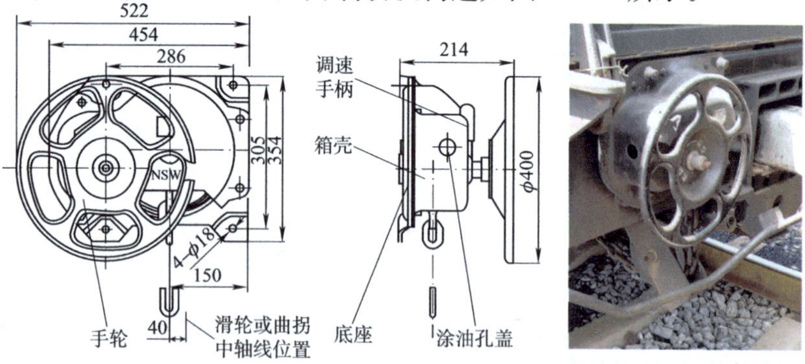

图 2-3-14　NSW 型人力制动机外形示意图（单位：mm）

该人力制动机具有制动力大、结构紧凑、重量轻等优点，拥有制动、缓解、调力制动和锁闭的功能，适用于各种货车，尤其是适合安装在平车和集装箱车上，解决了其他货车人力制动机在平车、集装箱车等车型上安装困难的问题。

防溜时，手柄指向“制动”位。顺时针方向转动手轮，可使链条产生并保持制动拉力。

缓解时，逆时针顿卡手轮不许回弹，直至闸链完全松开，若闸链不能完全松开，可将手柄扳至“缓解”位，逆时针方向转动手轮，把人力制动机闸链全部松开。

（七）人力制动机防溜达标的确认

必须确认闸链平直紧绷，闸链轴与车辆端部有一定的空间距离，如图 2-3-15 所示。

图 2-3-15　人力制动机制动状态

（八）人力制动机缓解标准的确认

轮轴处和制动活塞处链条处于松弛状态，如图 2-3-16 所示。

图 2-3-16　人力制动机缓解状态

三、人力制动机紧固器的使用

人力制动机紧固器(图 2-3-17)前端为钩,用于勾住闸链,中间为螺杆,后端为卡板底座,卡板底座用于卡住制动杆承托架。

安撤人力制动机紧固器的作业程序:

1. 安设人力制动机紧固器前要将采取防溜的车辆排风:先打开折角塞门将制动主管内的余风放出;再排尽制动缸的余风,执行“一拉、二听、三看”,一拉:手拉(推)拉风杆,二听:听排风时产生的风声,三看:观看制动活塞完全缩回,如活塞不能完全缩回,应及时处理好后再用人力制动机,否则可能因活塞缩回造成人力制动机紧固器断裂,防溜失效。

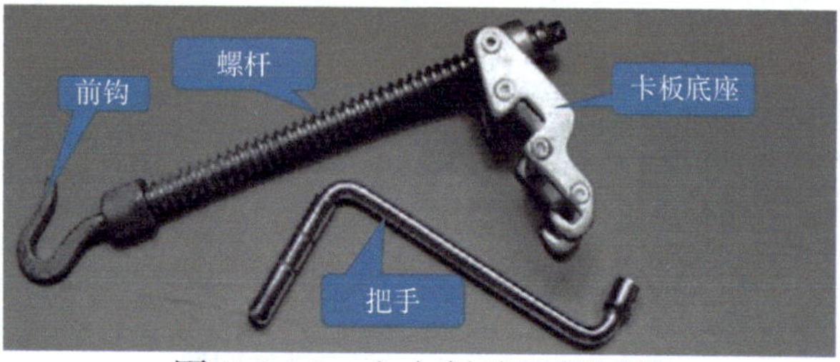

图 2-3-17　人力制动机紧固器

2. 安设人力制动机紧固器时,一是先将闸链用力向车钩方向拉紧,二是将紧固器前钩钩住闸链适当位置的链环内,便于紧固器的安装,三是将紧固器后端卡板卡在制动杆或支撑架上后,使用摇把顺时针旋转螺杆,直至不能拧动后确认其完全稳固。安设人力制动机紧固器后,可以用脚蹬闸链确认紧绷程度。

3. 撤除人力制动机紧固器时,使用摇把逆时针旋转螺杆,直至能取下紧固器,将紧固器从闸链上取出。

4. 安设人力制动机紧固器应注意的事项:安装紧固器卡板时,尽量使紧固器与闸链在同一竖直面内,以消除或减少侧向拉力，避免造成紧固器侧向受力弯曲。如图 2-3-18 所示。

图 2-3-18　人力制动机紧固器防溜

5. 遇下列情况需使用人力制动机紧固器代替人力制动机：

(1)在设有接触网的线路上，采取防溜措施人员站立闸台作业满足不了距接触网安全距离要求时，以人力制动机紧固器代替。

(2)人力制动机故障，但闸链及传动装置正常时，可使用人力制动机紧固器代替。

四、人力制动机防溜注意事项

使用人力制动机前，应先检查人力制动机状态是否良好(图 2-3-19)，一是检查车辆的制动活塞处链条完好，无断裂情况，如有断裂则不能使用；二是检查制动拉杆加强筋与支架处无卡阻情况，如发现卡阻情况，应调整卡阻部位使之能正常活动，如不能调整时，则不能使用；三是检查连结制动杆处的闸链无断裂情况，如闸链断裂不能使用。人力制动机掣轮锤缺失时视为人力制动机故障车辆。

人力制动机防溜后，应检查闸杆和制动活塞处闸链良好链条紧绷，闸链轴与车辆端部有一定的空间距离。撤除人力制动机防溜时，将闸链全部松开，将闸链轮轴推回，使制动活塞处闸链处于松弛状态。

图 2-3-19 防溜检查关键部位

五、防溜枕木的安放

防溜枕木为贯通式，材质坚固，使用防溜枕木防溜时，防溜枕木应在距离停留车辆不大于 5 m 处放置，斜口入槽、紧贴轨面，并固定加锁，如图 2-3-20 所示。

图 2-3-20 防溜枕木使用

六、止轮器的使用

止轮器（图 2-3-21）多用于客车和列检所作业防溜，它具有体积小，使用方便的特性，但是止轮器强度低，牢靠性差，所以正常情况下不宜使用止轮器防溜。客车制动系统为双闸瓦，外闸瓦会与铁鞋挡板剐碰，导致鞋尖不能紧贴车轮踏面，造成防溜措施不彻底，所以使用止轮器防溜。

图 2-3-21 止轮器

止轮器安装方法：

待车列停妥、做好人身安全防护后，手握边把，将止轮器尖端插入车轮踏面底部，使尖端面与车轮踏面最大程度紧贴吻合，稳固牢靠。

【要点概括】

两先两后执行好，防线一道不能少；
拧紧人力制动机，铁鞋踏面要紧靠；
作业完毕再确认，安撤情况须报告。

思考题：

1. 安撤防溜措施的时机是如何规定的？
2. 采取防溜措施的标准是怎样规定的？
3. 货车人力制动机有哪几种？
4. 使用人力制动机紧固器应注意哪些事项？
5. 防溜枕木的标准及安放标准是如何规定的？
6. 止轮器一般安放在什么场所，有哪些优缺点？

第四节　准备进路

培训目标：使学员掌握手扳道岔、手摇道岔的方法和要领，能确认道岔密贴和进路开通正确；能按作业要求扳动道岔、准备进路，要道还道；能判断道岔故障原因。

教授方法：教师讲解各种道岔的构造和扳动（摇动）方法，组织学员现场实际操作演练。

教学组织：由教师组织对集中区和非集中区道岔进路准备及要道还道进行讲解；两名教师各带一组学员进行手板道岔和要道还道练习，教师随机指定进出进路，学员按照教师要求扳动道岔并执行要道还道制度，教师对学员扳动情况进行点评和答疑。

练习方法：学员4人为一大组，2人为一小组（分别担任连结员和扳道员），两名扳道人员分别负责不同的道岔，相互间执行要道还道制度。准备进路时，小组连结员向扳道员要道，扳道员间执行要道还道后，由靠近要道调车组端的扳道员还道。两小组人员都进行了要道还道作业后，连结员和扳道员交换作业。

（进路上需有两组及以上准备进路的道岔，供学习人员练习扳道作业和要道还道使用）

所需物品：手持电台、扩音器、手信号灯。

一、准备进路

在扳动（摇动）道岔时，要执行“一看、二扳、三确认、四显示”制度。扳动道岔时，先确认道岔开通位置，位置不正确时，再扳向（摇动）所需位置，确认闭止块（锁闭块）落槽，道岔表示器及手柄正确（弹簧道岔确认手柄落实），确认加锁状态正确，确认分管区域内调车进路的道岔开通位置正确后，执行要道还道制度。调车作业中，担当扳道人员要按调车作业通知单的作业钩序进行扳道。

（一）手扳道岔

1. 握柄道岔（图2-4-1）

握柄道岔扳动方法：

扳动道岔时，采取一踩（踩脚踏电门），二听（听到锁闭子抬起“嗒”的响声），三扳（扳动时，先握闭止把扳动握柄，如加锁时先开锁），扳转握柄后，四确认（确认闭止块落槽和道岔表示器正确后加挂锁）。

2. 带柄道岔，俗称“磨盘岔子”（图2-4-2）

带柄道岔扳动方法：

扳动道岔时，采取“抽”“握”“抬”“转”“按”“插”的方法。首先抽出插销(如加锁时先开锁),再握住握柄,将握柄抬高到能转动的位置,然后转向所需位置,按下握柄(确认握柄落槽),插上插销,最后再加挂锁。

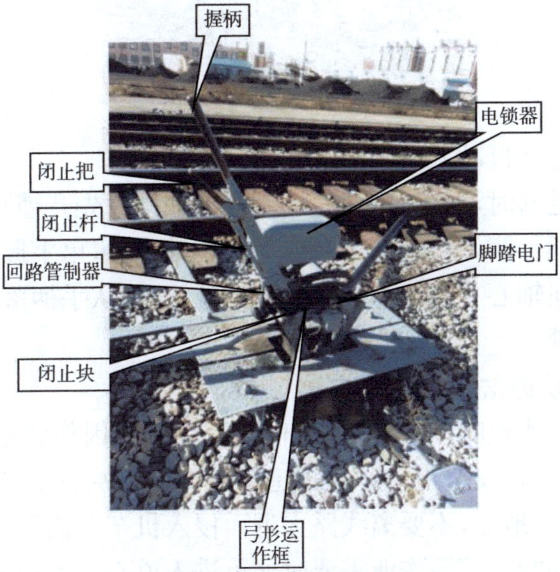

图 2-4-1　握柄道岔

图 2-4-2　带柄道岔

3. 弹簧道岔，俗称“地扒虎”(图 2-4-3)

图 2-4-3　弹簧道岔

弹簧道岔扳动方法：

扳动道岔时，首先打开防跳装置(如加锁时先开锁)，然后站于扳道器手柄一侧，两腿微叉，身体对应转轴中心，单手握住手柄，用力上提后向轴心方向匀力转向反方向位置，确认手柄落槽，插上防跳销并加锁。

4. 扳动道岔注意事项

在扳道作业时，应遵守扳道作业程序。除因作业必须进入道心外，均应站在安全地点。在扳道作业时要随时注意机车车辆动态，站在安全地点，不要离线路太近而侵入机车车辆限界。只有在检查道岔和“对道”等作业需要时才可进入道心。扳动道岔时要掌握好用力的方向和力度的大小，防止用力过猛甩脱，使用弹簧道岔时要防止因站立位置不当把脚砸伤。在冬季作业时，视觉和听觉都受到一定影响，更应当加倍注意。

(二)手摇道岔

电动转辙机钥匙、手摇把需经车站值班员或《站(段)细》规定人员签认后方可领取。道岔手摇把类型分为 ZD6 型转辙机手摇把(图 2-4-4)和 700K 型转辙机手摇把(图 2-4-5)两种。

(三)摇道方法

集中联锁道岔遇停电或故障时，准备进路需要手摇道岔。手摇道岔时，将遮断器(现场一般称为电门)锁打开，遮断器断开(孔盖打开),将手摇把插入孔内,手摇转动,听到“咔嚓”的声音后(一般是 36～38 圈)再摇半圈,即表示道岔已摇到位,尖轨被锁闭。严禁未摇到位即抽出手摇把。转辙机及手摇道岔如图 2-4-6 所示。

图 2-4-4 ZD6 型转辙机手摇把

图 2-4-5 700 K 型转辙机手摇把

图 2-4-6 转辙机及手摇道岔

设有 2 台及以上电动转辙机的道岔,人工摇动道岔时,各牵引点转辙机应同时进行摇动,并确认各牵引点转辙机均处于锁闭状态,听到“咔嚓”声。遇人员不足不能同时摇动各牵引点转辙机时,须从道岔第一牵引点转辙机开始依次逐台循环摇动,并分别确认各牵引点转辙机均处于锁闭状态,电液转辙机+转换锁闭器的,还要确认转换锁闭器完全锁闭,机内发出“咔嚓”声。

人工摇动辙叉为可动心道岔时,要先摇动可动心轨,后摇尖轨,分别确认心轨与翼轨、尖轨与基本轨密贴锁闭,并确认道岔开通位置正确。因可动心轨与翼轨开口小,未摇动时很容易误认开通正确,为防止漏摇动可动心轨,故要求先摇动可动心轨后摇尖轨。摇动液压道岔时，要匀力摇动一气呵成，直至听到落锁声。防止液压回流，增加摇动圈数，延长转换时间。

(四)道岔加锁

1. 闭止把加锁(图 2-4-7)

握柄道岔扳道器闭止把与握杆连接处上方设有锁孔，加锁后阻止闭止向握柄合并，闭止块不能抬起至滑道上方，道岔不能扳动。

图 2-4-7 闭止把加锁位置

2. 带柄标志加锁(图 2-4-8)

握柄前端设有插孔，握柄落下后插孔穿入插销，握柄不能抬起转动道岔，插销挂锁后实现加锁。

3. 锁板加锁(图 2-4-9)

锁板由顶板和底板组成，顶板可绕底板轴心转动至底板平行位置，顶住道岔尖轨，使道岔尖轨不能移动，锁板限位加锁后，实现对道岔加锁作用。

在底板两侧和顶板相应位置设有锁孔，顶板扳动后，顶板锁孔与底板锁孔对齐后加锁,实现对道岔一侧位置的顶固加锁。

图 2-4-8　带柄标志加锁位置

图 2-4-9　锁板加锁位置

4. 勾锁器加锁

(1)加锁位置

在距尖轨尖端不大于 1 000 mm 的轨枕空处使用。

(2)加锁位置

①辙叉 12 号及以下 AT 型普通道岔加锁位置(图 2-4-10)

AT 型道岔在密贴尖轨第一牵引点处使用 XGS-Ⅱ型勾锁器加锁,加锁位置(图 2-4-11);非 AT 型道岔密贴尖轨,宜使用 XGS-Ⅰ型勾锁器加锁。

图 2-4-10 辙叉 12 号及以下 AT 型普通道岔加锁位置

图 2-4-11 XGS-Ⅱ型勾锁器

②辙叉 12 号及以下分动外锁闭道岔加锁位置(图 2-4-12)

图 2-4-12 辙叉 12 号及以下分动外锁闭道岔加锁位置

说明:图例道岔中的"A",为对、顺向密贴尖轨第一牵引点轨枕空处有连接杆影响,在距尖轨尖端不大于 1 000 mm 的轨枕空处使用 XGS-Ⅱ型勾锁器加锁(图 2-4-13)。

图 2-4-13　图中 A 有连接杆影响加锁位置

图例道岔中的“B1”“B2”，为对、顺向斥离尖轨第一牵引点轨枕空处使用 XGS-ⅢW 型勾锁器加锁，或在第一牵引点第一轨枕空处使用 GSQ-G60 型勾锁器加锁（图 2-4-14）。

B1：使用XGS-ⅢW型勾锁器加锁

B2：使用GSQ-G60型勾锁器加锁

图 2-4-14　图中“B1”“B2”加锁位置

图例道岔中的“C1”“C2”，为对、顺向可动心轨第一牵引点轨枕空处使用 XGS-Ⅲ型勾锁器加锁，或在第一牵引点滑床板处使用 GSQ - GT60K 型勾锁器加锁（图 2-4-15）。

C1：可动心轨第一牵引点后轨枕空XCS-Ⅲ型勾锁器钩锁图

C2：可动心轨第一滑床板上CSQ-CT60K型勾锁器钩锁图

图 2-4-15　图中的“C1”“C2”加锁位置

③12 号及以下普通复式交分道岔加锁位置(图 2-4-16)。

图 2-4-16　12 号及以下普通复式交分道岔加锁位置

图例道岔中的“A1”,为对向密贴尖轨第一牵引点因枕空有连接杆影响,在距尖轨尖端不大于 1 000 mm 的轨枕空处使用 XGS-Ⅱ型勾锁器加锁;“A2”为可动心轨第一牵引点枕空处使用 XGS-Ⅱ型勾锁器加锁(图 2-4-17)。

二、要道还道

1. 要道:单机或牵引车辆运行时,由司机要道;推进车辆运行时,由调车组要道;出要出路,进要进路。如在运行中调车组要道有困难,可要求司机鸣笛要道。调车组要道时,向扳道员显示股道号码信号。

A1: 密贴尖轨第一牵引点后轨枕空XCS-Ⅱ型勾锁器钩锁图

A2: 密贴尖轨第二牵引点前轨枕空XCS-Ⅱ型勾锁器钩锁图

图 2-4-17 图中“A1”“A2”加锁位置

2. 还道:扳道员在得到要道人员的要道信号后,必须确认道岔所开通股道与要道人员所要股道一致后,方可站在规定地点向要道人员还道。还道时,应先显示股道号码信号再显示股道开通信号,设有股道表示器时,确认股道表示器显示正确,可不显示股道号码信号,只显示道岔开通信号。

3. 调车组扳动的道岔,按分工和计划扳动道岔,确认进路正确后,使用电台向调车指挥人通报进路开通。

【要点概括】

1. 扳动道岔

一看、二扳、三确认、四显示。

扳动道岔准备调车进路时,将开通位置不正确的道岔扳向所需位置。确认分管区域内调车进路上的道岔开通位置正确后,执行要道还道制度。

2. 要道还道

进要进道,出要出道;

不过不要，不成不报。

调车作业去作业股道时，请求进入作业股道进路；调车作业由作业股道返回时，请求作业股道返回进路；未过返岔地点，不准要道；进路未全部准备妥当，不准还道。

思考题：

1. 常见的手扳道岔有几种？
2. 扳动道岔应注意哪些事项？
3. 设有2台及以上电动转辙机的道岔，如何人工摇动道岔准备进路？
4. 人工摇动辙叉为可动心道岔时如何操作，为什么？
5. 扳动（摇动）道岔准备进路时，应执行哪些标准？
6. 要道还道的原则是什么，还道人员如何还道？

第五节　排风及摘结软管

培训目标：掌握排风及摘结软管的方法、技巧。

教授方法：教师演示讲解，学员动手操作。

教学组织：将学员分成两组，并分别由教师带队练习摘结软管作业，教师演示摘结软管作业技巧，学员练习；摘结软管作业熟练后再练习排风作业。

练习方法：在同一线路上停放连挂在一起的10辆车，并挂有动力机车或空气压缩机。学员按学号依次练习排风摘结软管作业，不练习的学员进行观摩学习，达到每名学员熟练掌握程度。

所需物品：手套。

一、排风作业

在溜放作业前，排风作业是关键的一个作业环节，事关作业效率和安全。排风包括放风和拉风，放风是指打开折角塞门，放出制动主管内的风；拉风是指拉（推）动拉风杆，排出车辆制动缸里的余风，使车辆缓解。

排风的方法：先将折角塞门缓缓打开，将制动主管内的风放出；再排出车辆制动缸里的余风，执行“一拉、二听、三看”，一拉：手拉（推）拉风杆，二听：听拉风时排出的风声，三看：观看活塞完全缩回。

折角塞门关开方法：

关闭折角塞门：将折角塞门把手抬起高于止挡位，逆时针扳动与主管成 90°角后，落下把手（图 2-5-1）。

打开折角塞门：将折角塞门把手抬起高于止挡位，顺时针扳动，使把手与主管平行后，落下把手（图 2-5-2）。

如把手丢失时，可使用工具扳动阀芯，使阀芯线与主管成水平或 90°角。

排风打开折角塞门时，要缓缓打开，并有护管动作，防止折角塞门打开过快，主管内的风急速排出，造成软管急剧摆动伤人。

图 2-5-1　折角塞门关闭状态

图 2-5-2　折角塞门开放状态

二、摘解软管

摘开车辆前须将两车辆的软管摘解，如果不摘管提钩，就会造成拉断软管。处于连结状态的软管如图 2-5-3 所示。带风摘解软管前应将相邻两车辆折角塞门关闭，确保人身安全。

图 2-5-3　连结的软管

摘解软管分为正手摘管和反手摘管两种方法，正手摘管又分单手摘管和双手摘管，反手摘管也分单手摘管和双手摘管。单手摘管时，另一只手可以握住提钩杆或丁字铁等部位，保持身体平衡，有利于身体发力，双手摘管不利于身体平衡，新职人员不建议使用双手摘管方式。

1. 正手单手摘管

右腿伸入两轨间，弯腰屈膝，近端软管紧贴身体，用右手握住软管连结器，使右腿和右手夹住软管，用力上提，使软管连结器改变支撑方向摘开，如图 2-5-4 所示。

2. 正手双手摘管

右腿伸入两轨之间，弯腰屈膝，左手握住近端的软管，右手紧握住远端软管连结器向上提，使软管连结器改变支撑方向摘开，如图 2-5-5 所示。

图 2-5-4 正手单手摘管

图 2-5-5 正手双手摘管

3. 反手单手摘管

右腿伸入两轨间，弯腰屈膝，右腿抵住右手，右手反握住近端软管连结器，用力向上提起，使两管连结器改变支撑方向即可摘开，如图 2-5-6 所示。

4. 反手双手摘管

右腿伸入两轨间，弯腰屈膝，右手反手握住近身端软管连接器处，左手放在右手后面，正手握住近身端软管，用力向上提起，使两管连结器改变支撑方向即可摘开，如图 2-5-7 所示。

5. 摘管器摘软管

右腿伸入两轨之间，手持摘管器，将摘管器弯钩卡托在两软管连结器上，向上拉起将软管摘开，如图 2-5-8 所示。

6. 摘管时应注意的问题

首先要重视摘管工作，严格按调车作业计划的要求摘管，其次在摘管中容易发生挤伤手或打伤腿，初学者应尤为注意，为了防止人身伤害发生，必须要按摘管的要领进行，如果摘解带风的软管，应在两软管连结器刚刚错开时，略停一下，待软管的余风排除一些后，再继续往上提，以防止连结器受风压冲击伤人。

图 2-5-6　反手单手摘管

图 2-5-7　反手双手摘管

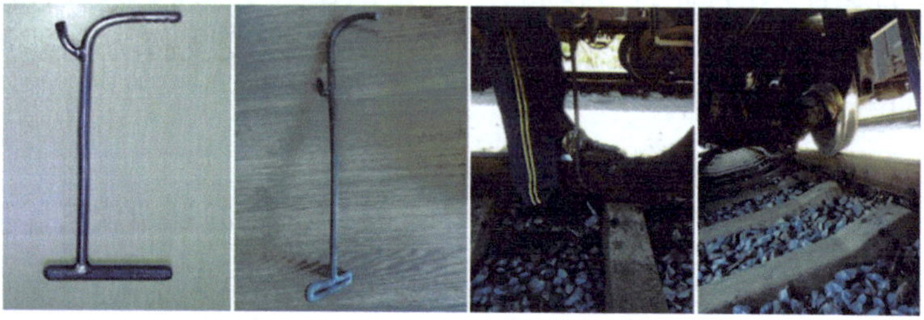

图 2-5-8　摘管器摘软管

三、连结软管

连结软管的目的是连通制动主管，达到通风目的，使列车、车列能够制动和缓解。

1. 连结软管方法

应先确认两车钩钩舌相互咬合，钩锁铁锁脚落下，而后右脚迈入道心，左脚在轨外蹲下，检查两端胶圈完好后，右手将近端软管抬起呈垂直状后，用左手接住，再以右手握紧远端软管连结器呈水平状，将两软管连结器成 90°角套合，向下推压，使两根软管头部密接。接好软管后，必须确认连结稳妥，方可打开两端折角塞门，如图 2-5-9 所示

图 2-5-9　连结软管

2. 接管时应注意的问题

(1)人身安全：车辆在移动时，禁止进入线路内抢接软管，一定要停车后进行，在得到调车指挥人的同意后，发出紧急停车指令(使用手信号作业时，由调车指挥人使用红色信号旗或信号灯防护)，方可进入车辆间连结软管。

(2)连结软管时，两脚不能同时迈入道心，蹲在线路里面，应两脚一前一后，右脚在线路里，左脚在线路外，万一车辆移动，就可以马上将前脚退出线路，防止发生危险。

(3)连结软管前应检查车钩连挂妥当，确认钩锁铁锁脚露出(16、17 号车钩确认防跳插销孔全部露出)，再进行连结，否则后续作业会发生拉断软管问题。

列车机车与第一辆车的软管摘解前，须先关闭机次第一位车辆的折角塞门，后关闭机车折角塞门；列车机车与第一辆车的软管连结后，须先开启机车折角塞门，后开启车辆折角塞门。因为机车

的折角塞门有防“关折”排风孔，当关闭机车的折角塞门时，防“关折”排风孔打开。车列制动主管内的压缩空气从此流出，使制动主管风压下降。先关闭机车折角塞门会影响车列保压制动效果，连结机车与第一辆车的软管后，先开启车辆折角塞门，车列制动主管内的压缩空气从排风孔流出，延长车列缓解时间，影响效率。另外先关闭机次第一辆车折角塞门，再关闭机车折角塞门时，防“关折”排风孔是将机车与第一辆车连结软管内的余风排出，软管内的余风减少后更便于摘解软管作业。

3. 连结软管应急处理方法

连结软管之前，一定要确认两个连结器内胶圈完好。缺少胶圈或胶圈破损的应使用备用胶圈补充后再连结，缺少一个胶圈无胶圈补充时，可把胶圈取出来反扣安好后再连结。

若发生漏风，须先按程序关闭折角塞门，摘开软管，检查连结器内的胶圈情况：

(1)缺少胶圈、胶圈破损或胶圈磨耗严重不起作用的，应使用备用胶圈补充更换后再连结软管；

(2)胶圈边缘有褶皱的，将有褶皱的胶圈取下重新安装，保证胶圈边缘与连结器密贴良好后再连结软管；

(3)两个胶圈在连结过程中，会发生挤压变形的，可以用唾液涂抹在胶圈边缘上再连结软管，唾液的润滑作用可避免连结后胶圈再次出现挤压变形情况；

(4)缺少一个胶圈无胶圈补充时，可把胶圈取出来反扣安好后再连结软管，胶圈磨耗严重不起作用无胶圈补充时，可把两个胶圈取出来，将磨耗较为不严重的一个胶圈反扣安好后再连结软管。胶圈反扣是应急措施，待作业结束后，及时补充胶圈。

软管连结好后，将后端折角塞门关闭，再缓缓打开前端(来风方向)的折角塞门，检查刚连结好的软管是否漏风，如有漏风应重新检查处理。胶圈的正常安装及缺失胶圈和反安胶圈如图 2-5-10 所示。

（a）胶圈　（b）正常安装胶圈　（c）缺失胶圈　（d）反实胶圈

图 2-5-10　胶圈情况示意图

四、排风、摘管训练要求

1. 按“一关前，二关后，三摘管”的顺序排风 10 车，摘软管 9 个，并复检。要求时间不超过 180 s。

2. 作业过程中如发现折角塞门未关或不到位、软管未摘，复检未确认活塞回缩按比例扣分。

【要点概括】

连结软管

一腿跨入两轨间，弯腰屈膝握两端；
管头互成九十度，对准接口向下旋；
塞门双开机车先，通风不漏作业完。

摘解软管

正手摘管握远端，身体侧贴内管端；
反手摘管握近端，身体远离两管端；
抓牢用力向上提，管端反弹记心间。

思考题：

1. 排风作业应执行哪些作业程序?

2. 摘解软管有几种方式，如何操作?

3. 摘解软管时应注意哪些事项?

4. 连结软管应执行哪些作业程序?

5. 连结软管应注意哪些事项?

6. 列车机车与第一辆车的软管摘结应执行哪些作业程序，为什么?

7. 连结软管时，发生缺少胶圈、胶圈破损、接管后漏风如何处理?

第六节　上下车要领

培训目标：通过培训，让学员掌握上、下车技巧，在动态中正确运用上、下车技能。

教授方法：通过课堂讲解，让学员了解上下车要点和关键环节；组织到现场，根据各种车辆讲清上下车要领及安全注意事项，通过集体观摩教师上下车动作后、在教师的防护下学员实际练习，达到熟练掌握程度。

教学组织：利用空线平整线路，使用机车或牵牛等设备牵引、推进车列以 5 km/h 速度运行，先由教师演示上下车动作后，学员模仿练习；将学员分成 4 人一组，每组上下车练习，至少有 3 名教师组织练习上下车，一名教师负责组织学员列队等候上车，两名教师分别防护上车和下车学员，确保人身安全。

练习方法：每组 4 人先练习右手侧上车、走行 10 m 后练习右手侧下车动作，两名教师分别防护上车学员和下车学员，全部上下车练习完了后依次换左手侧上下车练习。发现危险情况时，教师要果断采取措施。

所需物品：调车机车、敞车或棚车4辆、平整空闲线路。

调车作业人员在参加作业时，根据计划要求，需要经常上、下车。所以，在车列运行中上、下车，是调车人员应具备的基本技能之一，所以必须正确掌握其动作要领。

一、上车要领

1. 抓车

面向前方，也就是机车车辆运行方向，选择适当的上车地点，例如：选择地面比较平坦，没有积水、积冰、积雪、明沟和障碍物的地点。选择合适的上车地点是为了适应助跑的需要。随后转向后方找好抓附的扶手，当所攀扶的车辆即将到来时，上身稍微靠近车辆，两脚仍应保持向前，眼睛盯好扶手的位置，然后再伸手抓车。

2. 助跑

当车列、车组速度较低时，一般在6 km/h以下，抓住扶手后就可抬腿上车，不需要助跑；当速度接近10 km/h或高于10 km/h，低于15 km/h时，就需要先跟车跑几步，经过助跑抓住车辆扶手后，当跑的速度和车辆运行速度大致一样时，再纵身起跳。助跑距离不宜过长，一般可先跑三四步，当抓住扶手后，再快跑一二步，即可上车。助跑的目的是在上车前跑到和车速一样，从而为上车创造条件，如果跑的速度低于或高于车辆的运行速度，就会给自己上车造成困难。助跑中，眼要注意前方路面，不要急于盯住脚蹬，以免影响自己助跑速度。

3. 起跳

起跳的同时，眼要转向搭附的脚蹬，以保证脚踏到脚蹬适宜部位，起跳高度比脚蹬高度稍高即可。

4. 落脚

先跳起的一脚先着脚蹬，当这一脚站稳后，随即再将另一脚落下，两脚都用脚掌落于脚蹬，避免用脚跟着蹬，尤其冬季，脚蹬有冰雪，易向内方滑动。

当使用里腿先上时，里腿即靠近车辆的一条腿，先着蹬的里脚应蹬于脚蹬中部偏后的位置，这样给另一个脚准备好着蹬的地方。如果采用外腿上车时，先着蹬的外脚应蹬在脚蹬前侧一端，从而给里脚留出落脚的地方，这样还可以防止外脚前滑。当两脚踏上脚踏板后，即可用两手交替攀附到需要的扶手上。扶手应选在肩部以上，如果未踏上或踏空、踏脱脚蹬时，这时手臂要用力千万不能松手，而要保持镇静，跟着车速在地面上尽力跑几步，然后再起跳上车。

二、下车的要领

1. 转身

将上身向外转动，面向前方，注视地面有无冰雪、障碍物。

2. 下蹲

在将要运行到所需要下车的地点前，两手应抓住与自己胸部高度相近的扶手，然后身体再向外转动与车辆成 90°角，在转身的同时，外腿即可离开脚蹬尽量下垂，同时另一腿相应地向下弯曲，随外腿做下蹲动作，外手也应离开扶手随身下垂。外腿下垂离地面要有适当的高度，一般下垂程度应使臀部高于里腿的膝盖为宜，速度较快时，臀部可低于里腿膝盖，身体后倾，便于下车。在下蹲动作完成后，头部大约与自己所抓扶手高度是相同或稍偏下的部位。

3. 跳车

当上述动作完成后，车辆运行到需要下车的地点时，垂下的外腿需向前伸，这是为了跳下后身体能保持平衡而做准备，在下车的外腿由前向外转动后，身体自然下落，同时里脚稍微用力蹬脚踏板作跳下动作。

在跳车的同时，里手应立即松开扶手，以免松手过晚，人已下车，下肢已经降速，上肢被车辆以原速度带动，容易发生危险。下车要当机立断，不能犹豫，又想跳又不敢跳，反而容易发生危险。

4. 着地

当跳下车将要着地时，必须作臀部下坐、上身后仰的动作。下车时速度愈大，上身向后倾斜与地面所成角度应愈小，在保持这样姿势下，两腿着地后，沿着双脚跳下的方向用力后蹬，作减速的跑步，减少向前冲跑的距离，以便保持身体的平衡。在着地时，脚部应采用平落或采用脚跟落地，以保持身体稳定，现场可根据下车地点和机车车辆运行速度选择落脚的方式。

三、上下车手腿的运用

(一)两手的运用

在上车动作中，由于运行车组的速度高低不同，抓车方法分为单手抓车和双手抓车，而双手抓车又分为双手抓附同一扶手和双手抓附不同的扶手等。

1. 单手抓车

这是在车辆未起动或刚起动的情况下采用的，此时在一手抓住扶手后，一脚也应随之踏到脚蹬上去，然后按照需要可以站在原处不动或者再向上攀附到需要的位置上去，单手抓车必须使用里手，里手抓车很自然地使身体保持朝向车辆运行方向，以便抬腿上车。

在下车时，一律用里手抓扶手，而外手在身体“下蹲”动作中随外腿转体下垂，为下车做好了开始的准备，这样就自然地保持身体朝向前方。

2. 双手抓附同一扶手

这是在车辆已起动并达到相当高的速度而抓车时所采用的方法。双手所抓位置要有一定的距离，外手（与里手相对的另一只手）要尽量向前抓，给里手留出足够的地方，这样就能使身体保持向前方向，所选的扶手既不能太高也不能太低，抓的扶手与自己头一样高为宜。

3. 双手抓附不同的扶手

车辆运行速度较高时所采用的，一般是里手抓附和自己头部一样高的扶手，同时采用正手手心向下抓车的方式，这只手抓在扶手的后半部，而为另一手抓附另一扶手时留下足够的距离，外手应抓附和自己胸部一样高的扶手，同时采用反手，即采用手心向上抓车，这样就变成一拉一推的用力方式。

在下车时，一律用里手抓附扶手，而外手在“下蹲”动作中随外手下垂，为下车作好准备，这样就自然地保持身体向前方。

（二）双腿的运用

低速上车，尤其是在车辆刚起动时的上车，一般采用单手抓车，用里手抓住扶手后，即用“里腿”抬腿上车。

在高速而需要助跑上车时，一般也应采用里腿先上的方式，这除了便于上车外，有利于人身安全。如果当两手抓附不同的扶手时，一般用里手抓较高的扶手，用外腿先上较为自然方便。究竟上车时应采用哪一只脚先着蹬，需要根据自己双腿弹跳用力的习惯而酌情采用，除速度较高的情形外，尽可能养成里腿先上的习惯。

下车时，多数作业人员都采用外腿先着地的方式比较安全。

四、上下车安全

(一)上下车应注意的事项

1. 上下车必须面向机车车辆运行的方向，不能迎面上车。

2. 不能冒险超速上下车。

3. 接班后应检查调车机车的脚踏板是否牢固且不湿滑，在上车前应查看车辆的脚蹬及扶手的牢固状态，尤其对杂型车辆更需特别注意。

4. 在道岔区、信号机、导管、导线、明沟、煤台等处所，不宜上下车。

5. 当车辆运行速度较高时，在站台处，尤其是在高度超过 1.1 m 的高站台处不宜下车，因脚蹬处于站台下面，脚踏在车梯、扶手上容易蹬空。

6. 地面不平、有积水、积冰、积雪处，不易上下车，应在经常上、下车的地点清除冰雪，撒上砂土、炉灰等。

7. 下车前应先查看一下自己的衣服等物是否被车上的配件挂住。一旦被挂，向下跳车时就容易发生危险。

(二)上下车几种不正确姿势

1. 上车时手脚一齐伸。这样上车，只要手脚一处失误，就有坠车危险。

2. 先跨脚后抓车。这种上车，会因手没及时跟上，造成身体向后仰，以至于坠车；万一失手抓空，就更危险。

3. 下车后不向前助跑。这样下车，轻则摔倒在地，重则与邻线来往的机车车辆相撞。

(三)攀附车列内车辆位置的选择

使用手信号调车作业时，调车长为便于前后联系，原则上应选择既便于瞭望进路，又便于司机确认所显示信号的车辆攀附，其他人员连结员在攀附车辆时，要选择一方面便于前后联系工作，另一方面又便于为下一步工作打好基础的车辆。

（四）攀附车辆应注意的事项

上车后跟随运行的车辆前进时，对所攀附的位置、姿势等注意的事项如下：

1. 对攀附的车辆必须抓紧扶手，不能抓扶篷布绳索。

2. 禁止站在车钩上；禁止站立在棚车顶上或在装载高于敞车端侧板的货物上行走；禁止骑坐车帮（有特殊规定者除外）；禁止跨越车辆；禁止在车辆端侧板以及端板支架上站立。

3. 在攀附车辆，站立于脚蹬上时，禁止做下蹲姿势，身体任何部分均应在脚蹬最低部分以上的位置。

4. 两脚蹬在脚蹬或扶手上时，应随时注意线路旁有无障碍物或者是否将要进入高站台，以便好随时下车，或者攀登上层扶手。

5. 经过散堆装货物堆积处时，不要站在车梯下面。在经过信号机，表示器及天桥等处时，要将身体紧贴车辆，不能探身过远，以免碰伤。

6. 在调车行程较长的作业中，不应坐在棚车顶上或坐在装载高于车帮的货物上。

7. 应尽量避免登乘于空棚车内，如必须进入棚车内时，则不准站立在车门口探身车外进行瞭望进路或中转信号以免紧急制动时车门突然移动将人挤伤。

8. 在车列运行中，应面向前进方向。如遇风沙、飞雪，也不能背对车列运行方向、间断瞭望、确认进路，根据天气情况提前带好风镜，一旦发生问题，做好应急处理。

【要点概括】

上车下车不超速，手抓脚蹬要稳固；
选好车辆和地点，注意地面障碍物。

上车

伸手抓车要抓好，速度高时先助跑；
起跳高度要适当，落脚要稳手抓牢；

下车

下车之前先转身，选好地点再下蹲；
跳车利落不犹豫，减速跑步着地稳。

思考题：

1. 上车时，应执行哪些要领？
2. 下车时，应执行哪些要领？
3. 上下车应注意哪些事项？
4. 攀附车辆时，应注意哪些事项？

第七节　观速观距

培训目标：通过学习掌握观速、观距的基本方法，缩小判断误差，正确观距观速，及时呼叫（显示）距离信号。

教授方法：组织学员到现场进行动静观速、观距的练习。

教学组织：选择适合场地，设定距离目标，组织距离观测练习；利用现场运行中的机车车辆组织观速练习。

动观距练习：一是选择合适场地，设置停留车辆标牌，组织学员携带沙袋，向停留车标牌跑动过程中，将沙袋投掷在距停留车标牌十车、五车、三车位置，学员根据教师公布的投掷距离，调整后续练习准确度；

二是组织学员在实训场(站场)，站在推进运行前端车辆上，将沙袋投掷在距停留车十车、五车、三车位置，学员根据教师公布的投掷距离，调整后续练习准确度，有条件的情况下，前端挂有设置安全栏杆的平车，一次组织多人练习。

动观速练习：组织学员在安全区域内，观测牵出作业，按观速方法报告车列通过在指定地点运行速度，教师对学员练习成绩进行点评。

静观距练习：学员集中在指定地点，按观距方法目测指定地点与指定目标物(停留车、电杆、其他标志、旗杆等)距离，向教师报告，学员根据教师公布实测距离(可使用米尺或测距仪器测量)，不断调整后续练习准确度。

静观速练习：学员集中在指定地点，目测机车车辆通过指定某段线路速度。

所需物品：调车机车、车辆若干、无线调车灯显设备、安全带。

在调车作业中，为了保持车组的安全间隔或安全连挂，以及有效地进行目的制动，观测车辆走行速度及车组距停留车或车组间距离的方法，称为观速、观距。

调车作业中，观测车辆的走行速度，观测车组与停留车间或某种固定设备之间的距离，作为调节速度和目的制动的依据。正确观速、观距是保证调车作业安全的关键环节。观速、观距方式包括动观、静观。

动观：指调车组人员在机车车辆运行中所观察的速度或前方目标的距离。

静观：指调车组人员在固定地点观察机车车辆运行时的速度或距远处的目标距离。

一、观速方法

目前观测速度一般运用“目测”和“言测(即读秒)”两种方法,一般白天以目测,尤其应当以近目测为主,夜间或大雾天气以远听、近观速两者结合使用。由于调车速度都是在较短时间内或瞬时变化的,因此要想判明某时的调车速度,用较长时间来考虑或计算是不可能的。下面介绍几种利用较短时间判明速度或近似计算调车速度的方法。

(一)车上观速

调车组人员在车上低头看枕木头或石砟状况来判明车辆的走行速度。

如调车场每节钢轨的长度为 12.5 m,下铺 18 根枕木时:

1. 能较慢地数清轨枕根数时,车辆走行速度约 4 km/h。
2. 能较快地数清轨枕根数时,车辆走行速度约 7 km/h。
3. 能看清而数不清时,车辆走行速度约 10 km/h。
4. 接近看不清轨枕根数时,车辆走行速度约 15 km/h。
5. 看石砟时,能看清石砟形状,车速约为 7 km/h。
6. 看不清石砟形状,车速约为 13～17 km。
7. 看石砟成一条线时,车速约为 25 km/h 以上。

(二)步行测速

根据车辆走行和人走行的相对速度,来测定车辆速度。一般在连挂车辆和采用铁鞋制动时运用这种方法。

1. 慢步行走能跟上车组时,约 3 km/h。
2. 正常行走能跟上时约 5 km/h。
3. 快步行走能跟上时约 8 km/h。
4. 慢跑能跟上时约 10 km/h。

5. 快跑能跟上时约 15 km/h。

6. 快跑也跟不上车组时约 20 km/h 及以上。

(三)言测、读秒计速

调车人员在车上或车下用自己数数的办法,测算一定时间内车辆通过钢轨的根数或车轮撞击钢轨接头的次数,然后利用下列公式计算其速度:

速度=距离/时间=钢轨根数×钢轨长度÷时间×3.6

式中 3.6 是把 m/s 换算成 km/h 的单位换算系数。

例:测得车辆 2 s 通过一根 12.5 m 的钢轨的时速

代入公式:$v=12.5\div2\times3.6=22.5$(km/h)

计速口诀:

十二米五一秒钟;速度四十五里整。

两秒二十二里半;三秒十五不带零。

四秒十一加点二;五秒九里莫放松。

六秒七里来滑鞋;二至五米把车停。

若问一秒为多久?滴答一声正标准。

喊出一、二有节奏;观速定能过得硬。

说明:

十二米五指一节标准轨的长度;

里指公里/小时;

训练时可用秒表测出自己所喊出的一、二、三、四节奏是否准确来纠正与秒表 10 s 之内的误差。

二、观距方法

观测距离是要判断推送车列或溜放车组与停留车之间,溜放车组之间,行进中的机车车辆与某种固定设备之间的距离,以便掌握或调节速度。

观测距离主要是采用对比方法。如对比邻线的存车数，对比电杆的距离，电杆间一般为 50 m、30 m 两种标准，对比钢轨的长度，调车场钢轨长一般为 25 m 、12. 5 m 两种标准，对比铁鞋台，铁鞋台一般按 20 m 或 15 m 设置。此外，站场中的灯桥、房舍、信号机等固定设备之间的距离都是判断距离的依据。

大拇指测距法：向前伸直手臂竖起拇指，闭上左眼，右眼、拇指、目标形成直线，闭上右眼，睁开左眼，此时记住左眼、拇指延长直线目标右侧那一点，目测那个点与目标的距离并乘以 10，即你到目标的大概距离。

操作说明：左眼和右眼的距离大约是 6 cm，一个人的臂长大约是 60 cm，由公式导入 $x/y=60/6$，$x=60\times y/6$，$x=y\times 10$，操作关键是估算出 y 的距离。具体操作如图 2-7-1 所示：

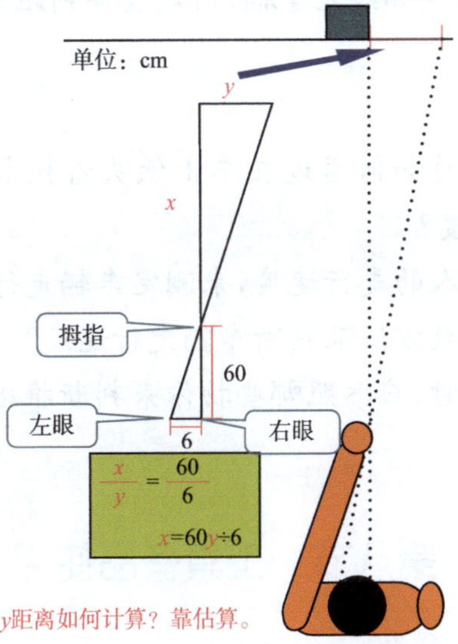

图 2-7-1　大拇指测距法操作说明

静观速：通过观看通过列车、车列判断通过观速点的速度值，与教师通过秒表测定的速度比对。

动观速：组织学员上机车动态中判断通过观速点的速度值，与教师通过秒表测定的速度比对。

静观距：划定观距界限，通过在不同距离安设旗杆的方式或指定站场内停留机车车辆位置，学员目测判断距离值，与现场实测的距离值比对。

动观距：组织学员上机车，在运行中判断与目标物（如车辆）的距离值，与教师测量的实际距离值比对。

【要点概括】

调车作业准观距，邻线车辆可对比；
如遇邻线无车辆，固定设备判距离。

思考题：

1. 调车组人员如何通过在车上低头看枕木或石砟状况来判明车辆的走行速度？

2. 如何利用人的走行速度，来测定车辆走行速度？

3. 如何用数数方法来判断车辆走行速度？

4. 观测距离时，应参照哪些物体来判断推进车列前端与停留车的距离？

第八节　工具备品使用

培训目标：使学员能够正确掌握各种工具备品的使用方法。

教授方法：工具备品、铁鞋使用方法讲解，教师操作演示，学员练习。

教学组织：将学员分成5组，每组由一名教师组织并防护，兼任调车指挥人工作。分别按分工指导学员练习使用各种调车工具。

练习方法：1. 组教师带领学员练习使用无线调车灯显设备，模拟机车连挂作业，调车指挥人发出推进指令后，学员练习发出领车功能指令，并呼叫“十、五、三车”距离信号，调车指挥人发出相应的指令，模拟学员进入车组间作业，发出紧急停车和解锁指令；

2. 组教师带领学员练习安装各种简易紧急制动阀，练习安装程序和试验标准；

3. 组教师带领学员练习铁鞋叉子的使用，利用练功场地静止上鞋；

4. 组教师带领学员练习提钩摘管器的使用，利用闲置车辆练习提钩摘管作业；

5. 组教师带领学员练习安全带的系法。各组均练习完了后，交换练习项目。

所需物品：无线调车灯显设备、简易紧急制动阀、安全带、铁鞋叉子、提钩摘管器、信号灯。

一、无线调车灯显设备

1. 无线调车灯显设备发出“注意、注意”“故障停车”语音提示的原因。

无线调车灯显机控器发出“注意、注意”语音提示及“故障停车”语音提示的情况。

调车指挥人电台发出“推进”指令后，机控器每5 s向调车指挥人电台发出测机信号，调车指挥人发出“推进”指令后，领车连结员连续按压两次黄色按钮，申请领车成功后，机控器每5 s向领车连结员电台发出测机信号。

当无线调车灯显机控器连续2个测机信号未收到，便提示“注意、注意”语音提示，机控器连续三次未收到测机信号后，即发出“故障停车”语音提示。出现上述语音主要原因为：

(1)通话频繁。

(2)调车长的手持机关机后重新开机未补发指令。

(3)机车附近电磁干扰太大。

(4)机车与发出测机信号的调车电台之间通信距离太远。

2. 无线灯显系统中的连结员台按钮设置及主要功能。

连结员手持台也有红、绿、黄三个信号发射按钮，但主要以通信联系为主，其红色按钮可发出紧急停车信号指令，黄色按钮为消除紧急停车信号的解锁按钮。使用无线简易制动阀的车站，连结员手持台中的绿色按钮还可兼做无线简易制动阀的遥控排风功能。

3. 铁路无线调车系统指令见表2-8-1。

表2-8-1 铁路无线调车系统指令

内容 操作员	按钮指令	辅助语音	信令显示	注释
调车长	红	停车	一个红灯	任何时候按下红键1.5 s或听到提示音后马上松开按键都能发出停车信号
	绿(2 s)	起动	绿灯闪亮数次后熄灭	单机起动、试拉、牵出、拉空信号
	绿绿	推进	一个绿灯	推进信号
	黄黄	减速	黄灯闪后绿灯长亮	减速信号
	绿红	连结	绿、红灯交替后绿灯长亮	连结、压钩信号
	绿黄	溜放	绿、黄灯交替后绿灯长亮	溜放信号
	黄(1.5 s)	十车	黄灯长亮(加辅助语音提示)	十、五、三车可以在任何时候发出
	黄(0.5 s)	五车	黄灯长亮(加辅助语音提示)	直接发五车时用“黄绿”
	黄(0.5 s)	三车	黄灯长亮(加辅助语音提示)	直接发三车时用“黄红”
	黄(0.5 s)	546 Hz音频呼叫区长		只能在无测机信号时发送

续上表

内容 操作员	按钮指令	辅助语音	信令显示	注　释
连结员	红	紧急停车×号×号	二个红灯	二个红灯亮后封锁调车员的一切指令
	黄	×号解锁	先二个红灯后熄灭一个红灯	紧急停车信号，只能由发出人解锁，其他人不能解锁
	黄黄	×号领车	绿灯	当调车指挥人发出推进、连接两种之一指令信号

二、使用简易紧急制动阀应注意的事项

1. 简易紧急制动阀使用时必须严格交接制度，交接时要当面调试检查，确保设备作用良好，严禁带病使用。

2. 简易紧急制动阀一般用于需接通全部软管的调车作业(如取送客车的作业，货物线、专用线的取送作业等)。在作业开始前，由负责在车列前端瞭望的调车人员将此阀体接通前端车辆上，推进运行中使用手拉式简易紧急制动阀时，领车人员要牵引简易紧急制动阀拉绳。

3. 简易紧急制动阀在作业时与软管接通后必须进行制动试验。

手拉式简易紧急制动阀牵引拉绳放风试验；无线遥控简易紧急制动阀采用遥控的方式，在有效范围内任意地点遥控，进行鸣笛或排风制动试验。

4. 推进运行需要鸣笛警示时，使用带有鸣笛功能的无线遥控简易紧急制动阀要按压遥控器上的鸣笛键鸣笛警示，手拉式简易紧急制动阀可拉动拉绳鸣笛，无此功能时通知司机鸣笛或向司机显示鸣笛信号。

5. 推进调车作业遇有危及行车安全的紧急情况时，无线遥控

简易紧急制动阀要按压遥控器上的排风键直到停车；手拉式简易紧急制动阀要一次拉到位，直到车列停车方可松开，不准时拉时松。

6. 手拉式简易紧急制动阀要经常检查拉绳，发现磨损严重时应更换拉绳，绳体的长短要符合作业和人身安全要求。

7. 安撤简易紧急制动阀前，先做好人身防护后方可作业。

三、安全带使用前的检查

调车人员在使用前后和交接班时要进行检查，主要检查安全防护腰带、金属弹簧钩、弹簧钩连结绳三部分，重点检查安全钩的开口处是否灵活、弹簧钩连接绳是否开线，严禁将安全带改作他用。

使用安全带应注意的事项：

1. 登上车辆制动台后，首先挂好安全钩；

2. 安全钩需挂在人力制动机手轮盘与人力制动机杆的固定点间的人力制动机杆上；

3. 车辆停妥后需下车时，一手抓紧手把杆，一手摘开安全钩；

4. 安全带除使用外，安全钩须挂在腰带上。

四、提钩摘管器的使用方法

1. 钩链缺失或折断，排风人员漏绑钩链时，可使用提钩摘管器前端插入钩提销孔或钩链处提开车钩，如图 2-8-1 所示。

图 2-8-1　钩提销孔或钩链处提开车钩

2. 使用提钩摘管器正面提开上提钩杆车钩。

使用提钩摘管器将提钩杆钩起，如图 2-8-2(a)所示，提起后瞬间将钩提杆移至提钩杆手柄位置向外移动，如图 2-8-2(b)所示。

(a)　　(b)

图 2-8-2　提开上提钩杆车钩

3. 使用提钩摘管器正面提开下提钩杆车钩。

16、17 型车钩，有下提钩防跳插销，插上时防止开钩，拔下后才可以提钩作业。提钩前确认防跳插销已摘开。使用提钩摘管器将下作用式提钩杆托起，摘管器向下滑动，向后用力提开车钩。

4. 使用提钩摘管器可提开反面上作用式车钩。

如遇一端提不开钩，提另一端钩时可采用此方法，可将提钩摘管器钩子插入另一端提钩杆中，利用杠杆原理用力向左侧斜上方托起后提开车钩，如图 2-8-3 所示。

图 2-8-3　反面提钩

5. 使用提钩摘管器摘解软管。

用弯钩钩住外侧软管管头约 5 cm，向右上 45°角方向用力钩开。注意吊软管铁链不要挂上提钩摘管器，如图 2-8-4 所示。

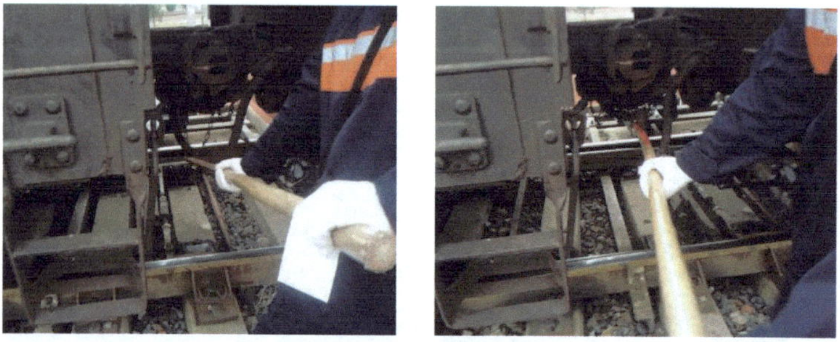

图 2-8-4 摘解软管

6. 使用提钩摘管器拔出防跳插销。

用弯钩钩住防跳插销，向外方向用力拽开即可，如图 2-8-5 所示。

图 2-8-5 拔出防跳插销

7. 使用提钩摘管器检查确认人力制动机是否松开时，用提钩摘管器头部挂钩挂住闸杆处紧绷的闸链用力外拉，可将闸链松开。

8. 使用提钩摘管器作业注意人身安全：

(1)防止身体侵限，特别要注意脚不得进入车档。

(2)禁止岔区提钩。

(3)严禁反把使用提钩摘管器。

(4)提钩摘管器属于长柄工具，禁止携带提钩摘管器上下车。

五、摘管器的作用及使用方法

摘管器(图 2-5-8,手把宽约 100 mm,钩长约 300～400 mm)是现场作业人员在摘管作业过程中发明的小工具,作用一是使摘管作业更方便更省力,摘管器有一定长度,作业人员摘管时弯腰屈膝幅度减小,用力角度更方便调整,同时因为弯钩可以卡托在两软管连结器正中心,摘解更省力;作用二是防止人身伤害,代替手握软管连结器,可防止因手握在两软管连结器接缝处挤伤。

摘管器摘软管方法见本章第五节。摘管器不仅可以用于摘软管,还可以代替直接用手拆解提钩杆捆绑铁线,拉出防跳销、拉拽拉风杆等工作。

六、制动铁鞋的使用

铁鞋制动就是车轮在钢轨上踏上铁鞋后,沿钢轨面的滑动摩擦来代替原来车轮的滚动摩擦,产生滑动摩擦阻力,使车辆滑动一定距离后而停止运动。

铁鞋制动的主要工具有铁鞋、铁鞋叉子。采用铁鞋制动的车站在调车场头部警冲标内方设有脱鞋器,作为调速制动时自动脱鞋之用。我国铁路使用的制动铁鞋,都是双边手动铁鞋。

(一)铁鞋制动的原理

当溜行的车辆未经铁鞋制动以前,车轮在转动时与钢轨之间产生的摩擦力叫作滚动摩擦力。当车轮压上铁鞋后,压鞋的车轮不再转动,而代之以推着铁鞋沿钢轨的滑行,同一根轴的另一车轮也由滚动变为滑动。此时,被制动的轮对与钢轨之间所产生的摩擦力也由滚动摩擦力转变为滑动摩擦力。根据实验测定,车轮与钢轨的滑动摩擦系数(约 0.15～0.20)比滚动摩擦系数(约为 0.002)要大得多,滑动摩擦力也就比滚动摩擦力大得多。铁鞋制动正是利用变滚动摩擦为滑动摩擦增大摩擦力的原理，达到制动目的。

(二)铁鞋的安放和制动方法

铁鞋因安放的位置和时机不同分为基本鞋和辅助鞋。

基本鞋是指事先安放在钢轨上，使车组溜行方向第一轮对压上的铁鞋；辅助鞋是指车组溜行过程中在同一车辆的两个转向架之间的钢轨上(一般称为大档)，或在两个车辆的前后转向架之间的钢轨上(一般称为小档)，用铁鞋叉子安放的铁鞋。大、小档示意图如图 2-8-6 所示。

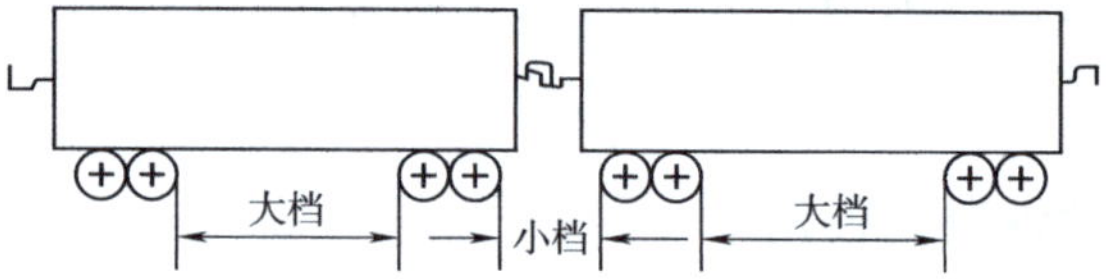

图 2-8-6 大档、小档示意图

1. 铁鞋的安放方法

基本鞋的安放应根据车组接近铁鞋时速度的大小，灵活调整基本鞋的位置。车组溜行速度较高时，应在一根钢轨上同时放两只基本鞋(现场俗称“一车三鞋双基本”的方法)，这并非增加制动力的措施，而是为了防止第一个铁鞋被打掉后，仍有另一个铁鞋起作用，安全可靠。辅助鞋的使用方法有三种：

(1)大档下鞋。由于档子比较大，下鞋方便，易于掌握，安全条件好，适于正常情况下采用。

(2)小档下鞋。由于档子小，安全条件差，一般情况下不用，仅在错过大档下鞋的时机，并且制动连结员下鞋技术熟练，作为紧急制动时采用。

(3)大档、小档一齐下鞋。

2. 基本鞋和辅助鞋结合运用的方法

(1)远放基本近掏档。在离原停留车较远的地方安放基本鞋,使溜行车组先压基本鞋,再离原停留车较近的地方掏档下辅助鞋。小组车、单个车常用以基本鞋为主的制动方法。因为先压基本鞋可使溜放车组速度降低,便于制动连结员掏档,且当基本鞋被打掉时,还来得及掏档下鞋。此法比较省力和安全可靠,是现场经常采用的方法。

(2)近放基本远掏档。有前慢后快或前大后小的隔钩车时采用。先在距原停留车较近处安放两只基本鞋,制动连结员在距停留车较远处下辅助鞋,使辅助鞋先起制动作用,腾出时间对后组车进行制动。

(3)近放基本多掏档。是对大车组以辅助鞋为主、基本鞋保险的一种制动方法。因为大、中车组掏档机会多,一般都采用“让头拦尾、集中下鞋”的方法,即对前半部车辆不下辅助鞋,避免因下鞋过早,使大车组速度下降太快,走行缓慢,造成续行车组追尾冲突;同时缩短滑行距离,提高制动效果。

(4)死鞋变活鞋,滑行找距。当车组压上基本鞋溜放速度降至一定速度后,制动连结员下最后一只辅助鞋时,用铁鞋叉子在钢轨上推着铁鞋随车滑行,根据车组当时的速度,测准距离后,再抽出叉子,使滑鞋起制动作用,以利于压缩“天窗”和安全连挂。如车组已降至连挂速度,不需要再制动时,可将滑鞋从钢轨上取下。

(三)压鞋原因及防止压鞋的方法

1. 大组车容易压鞋,应采用在车组后面车辆大档、小档一齐集中下鞋方法,这样制动力猛,后坐力大,不易压鞋。

2. 车场内停留车组大于溜入车组,两车组相连挂时,容易压鞋。压鞋时,应安放带有压鞋标志的取鞋器,或取一铁鞋用鞋尖斜插在被压铁鞋的后下部,在拉车时利用铁鞋偏重使被压铁鞋掉落下来。压鞋后,应及时向铁鞋组长或调车长报告,通知有关人员拉车时注意取出铁鞋。

（四）掉鞋的原因及防止措施

由于铁鞋歪斜或掏档过晚，铁鞋未放稳即被撞落；或因车辆溜行速度过高，将铁鞋打掉。另外，与铁鞋的规格、质量、钢轨的平顺状态和轨面上有无冰雪或润滑性物质等都有关系。

防止掉鞋的措施有加强制动连结员的技术训练；定期对铁鞋的规格、质量加以鉴定，不合格者及时更换；正确掌握推送速度，给铁鞋制动连结员创造良好的下鞋条件；在天气不良时，采取防滑措施，准备好必要的砂子。

铁鞋制动力的大小与被制动车辆的轴数、轴重和摩擦系数成正比。广大作业人员根据这一原理，总结出提高铁鞋制动效率的主要方法：

1. 提高滑动摩擦系数。在雨、露、霜、雪天气和轨面有油污等滑润性物质的情况下，采用在铁鞋尖部和安放铁鞋地点的前后钢轨面上撒砂子的办法，增大滑动摩擦系数，提高铁鞋制动力。

2. 选择重、大的车辆下鞋。根据制动力与被制动车辆的轴重成正比的原理，为了提高制动力，对 2 辆以上的车组，可选择载重量大而又满载的重车下鞋。

3. 多下铁鞋，增加被制动的轴数。为使溜放车组尽快减速或停车，可采用基本鞋与辅助鞋结合使用的方法，即除在车组前面钢轨上放置基本鞋以外，根据制动的需要，在溜行中利用车辆的大档或小档快速连续下几只辅助鞋，以增加被制动的轴数，提高车组总的制动力。

（五）基本功练习

1. 静止上鞋

(1)标准钢轨 1 根放置于面积不少于 50 m^2（10 m×5 m），平坦、无积水及冰雪的场地上。在距钢轨头部一侧 800 mm、距轨面高 850 mm 挂一水平线，长 5～10 m（或利用铺设标准钢轨、无作业干扰的一段线路）。

(2)静止上鞋 3 次，每次上 10 只鞋，8 s 内完成为合格。每人考核 3 次，按实际操作中取最好一次成绩。

2. 铁鞋调速

(1)调车机车按规定速度和不少于 5、3、1 车溜放 3 钩，制动连结员使用脱鞋器正确调速。

(2)调速准确。每位制动连结员制动调速 3 次，制动调速误差不超过 10%。

3. 铁鞋制动

(1)调车机车按规定速度和不少于 5、3、1 车溜放 3 钩，使用铁鞋制动。

(2)单个车辆必须一车三鞋单轨双基本（单轨双基本是指基本鞋提前放置在制动人员一侧的钢轨上间隔 2～4 m）。小车组必须放基本鞋；必要时应撒砂。

(3)每位制动连结员按 5、3、1 车组制动 3 次，制动天窗 4 m 及以内或安全连挂为合格（撞响钩为不合格）。

思考题：

1. 使用无线调车灯显设备应注意哪些事项？

2. 机车控制器为什么会发出“注意、注意”及“故障停车”的语音提示，是哪些原因造成的？

3. 使用简易紧急制动阀应注意哪些事项？

4. 使用安全带应注意哪些事项？

5. 铁鞋制动的原理是什么？

6. 基本鞋和辅助鞋结合运用的方法有几种？

7. 哪些地点、线路、车辆禁止使用铁鞋制动?

8. 哪些铁鞋禁止使用?

第九节 工作交接

培训目标:使学员了解在班前、班中交接的内容,重点事项,让学员能够正确理解交接班的重要性;能对线路停留车辆、位置、防溜措施、调车工具备品进行交接和检查。

教授方法:现场实际操作、演练。

教学组织:由教师组织交接班会,强调重点内容;将学员分成两组,进行模拟工作交接练习。

练习方法:一组进行室内交接班训练,主要检查无线调车灯显设备,调车工具、备品,防溜揭示交接等;另一组进行室外分工检查线路、车辆、防溜工具及防溜措施交接。

交接练习时,共四个小组进行交接,以两人一个小组,室内两个小组交接班练习,室外两个小组交接班练习。交班小组要为接班小组设置故障,室内室外同时进行,室内室外两大组交接练习完了后,室内室外两大组交换作业内容;每小组交接完了后教师负责总结点评。

所需物品:无线调车灯显设备、铁鞋、车辆、安全带。

一、点名预想

按时参加点名会,听取日班计划的传达和领导的重点工作指示,结合天、地、人、车、物的因素进行安全预想。

1. 点名会由班组长组织的会议,传达上级的文件、电报及重点工作事项等内容。

2. 安全预想是针对本班的重点工作对班中可能产生的问题的预判，结合天气情况、地形地物、人员素质（如是否新职等）、车辆停留情况、工具备品等方面的情况进行综合性的分析和预判。

二、接班

1. 按分工检查线路，按包线原则检查线路有无障碍物，确认停留车位置，车辆连挂状态和铁鞋的数量、质量和归位情况。

2. 对号交接，按职务、项目和内容进行，做到不漏、不错。

3. 调车工具要实行保管、整理、更换交接负责制，各职名对无线调车灯显设备、铁鞋、手信号灯（旗）、安全带等物品进行交接，做到数量正确、质量良好。

（1）无线调车灯显设备交接时重点掌握设备外壳有无破损，机控器天线是否缺失，机控器、手持台及电池数量是否正确，并与接班后由调车指挥人组织本组成员进行通话和信号试验，确保质量良好。

（2）防溜铁鞋要通过揭示板对现场铁鞋使用情况进行核对，确保揭示、现场、留存的铁鞋数量三统一，现场检查铁鞋是否符合要求、防盗链是否安全有效；制动铁鞋检查数量是否正确、质量是否符合要求（结合铁鞋十坏界定），是否做到好鞋上台、坏鞋归堆的要求。

（3）手信号旗是否成对，颜色是否正确；手信号灯检查是否有电，灯光显示是否正常。

（4）安全带要检查有无断裂，安全挂钩是否闭锁、有弹性。

三、交班基础

1. 按计划完成任务，不留活、不压标、不堵门。

2. 防溜措施已按规定采取或撤除完毕。

3. 现场防溜工具箱均已加锁,工具备品按规定摆放。
4. 一批调车作业未完不准交班。

四、工作总结

每班工作结束后或每批作业结束,由调车长组织本组人员总结工作任务完成情况、不足之处、人身和作业安全情况,总结好的经验和作业方法,分析存在问题提出整改措施。

思考题:

1. 调车作业人员一班工作制度的基本规定是什么?
2. 交接班时应检查哪些工具备品?
3. 交班时应做好哪些工作?
4. 班后工作应总结哪些事项?

第三章　专业技能

专业技能是连结员参与现场作业的实作技能，是保证现场作业安全和提高运输效率的关键所在。本章主要介绍准备作业、驼峰解散车列、平面牵出线溜放、取送作业、列车摘挂、列车编组、手推调车作业、调动特殊车辆、特殊情况调车、调车作业应急处置、车辆技术检查知识。

第一节　准备作业

培训目标：使学员能看懂调车作业计划及注意事项和标记内容；能接受调车长传达的调车作业计划分工，并正确复诵；了解变更调车作业计划作业标准和程序；了解调车作业前的准备工作，掌握作业前工具备品、线路、车辆检查内容及排风摘管作业程序和方法。

教授方法：课堂讲解并结合实物教学、练习；现场实际操作、演练。

教学组织：由教师担任调车指挥人向学员传达计划强调重点注意事项，使学员清楚调车作业计划内容、作业分工和重点注意事项；将学员分为两个组，一组练习按计划分工，另一组练习按计划了解注意事项，每组两人。教师对每组练习中存在的问题进行总结。

练习方法：结合站线图，模拟编制调车作业计划进行计划分工，布置重点注意事项，学员复诵分工和重点注意事项。

所需物品:调车作业通知单。

一、接受计划应清楚的事项

调车指挥人向连结员传达调车作业计划时,连结员要认真听取并复诵,清楚调车作业计划内容、作业分工和重点注意事项,按计划分工立即上岗,做好准备及检查。

1. 调车作业计划内容:清楚作业计划作业股道、摘挂辆数、编组、解体、取送等作业内容及记事栏标注事项。

2. 作业分工:对自己的负责的作业分工,认真核对,避免遗漏。漏勾存在冲突、脱轨隐患。

3. 重点注意事项:禁溜车、禁峰车、禁止使用铁鞋制动的车辆(外闸瓦车、大轮车)、装载特殊货物的车辆、装卸未完的车辆、限速及限速连挂车辆、禁止溜放的线路、恶劣天气等。

(1)禁溜车,即禁止溜放作业,只能推送车辆到达指定线路内摘下。

(2)禁峰车,即禁止通过驼峰,只能送往禁溜线或经迂回线作业。

(3)禁止使用铁鞋制动的车辆,如外闸瓦车,外闸瓦影响铁鞋使用;直径 950 mm 及以上的大轮车,因车轮与铁鞋类型不符,不能产生制动作用,必须采取人力制动机制动或推送作业方式。

(4)装载特殊货物的车辆,作业时必须按装载货物的特殊要求进行作业,如禁止溜放、限速连挂、通过曲线半径限制等。

(5)调动装卸未完的车辆、得到货运人员可以挂车的通知(已采取撤高、平顶、加固等措施),并确认车辆、货位、装卸机具等符合调动条件,防护信号撤除,方可通知调车指挥人挂车。连挂和调动时严格控制速度。

(6)限速及限速连挂车辆,对要求限速运行或限速连挂的车辆,要严格控制速度,严禁超速。

(7)禁止溜放的线路,禁止向该线路进行溜放作业,只准推送作业。

(8)恶劣天气,遇天气恶劣调车有关信号显示距离不足 50 m 时,调车速度不得超过 15 km/h;平面调车禁止溜放作业,集中区平面调车,进路必须一次排出;驼峰解散车辆作业时,须确认前钩车已越过后续钩的分歧道岔后,方可提钩。

【要点概括】

接受计划须复诵,注意重点和分工;
按时上岗做准备,检查项目要记清。

二、排风摘管程序和作业要求

(一)联系确认

1. 联系:作业前要与调车领导人联系,了解列车到达情况和解体顺序,做到车次、股道、时间、钩序(或组号)清楚,多人作业时,做好分工。清楚一批作业溜放钩序、每钩溜放辆数、挂车总辆数及溜放完毕是否带车整场(下峰作业),是正确摘管的前提。

2. 确认:列车到达后,确认列检到达试风完毕,方可开始排风。确认列检到达试风完毕,一是询问列检作业人员,二是看试风软管是否撤除。列检到达试风时间一般为 15 min。适用于有列检作业的车站。

3. 防护:排风摘管前应做好防护。待解车列无机车连挂时,排风摘管前应先采取防溜措施(或确认防溜措施已采取),方可进行排风作业。中间站利用本务机车进行作业,附挂机车时,发出紧急停车指令进行防护(手信号作业时由调车指挥人显示停车信号防护)。调车指挥人未得到排风作业完毕的通知,不得指挥机车连挂车列。

(二)排风摘管

1. 排风:缓缓打开折角塞门,放出主软管的风,排净制动缸里的余风。做到风排净、不漏排、不抱闸。

2. 摘管:根据调车作业计划正确摘管,将开口处的车辆制动软管摘开。

(三)复检处理

1. 检查禁止通过驼峰、不宜使用铁鞋制动的车辆,报告调车指挥人或调车领导人,排风摘管后,逐辆复检,发现问题及时处理。自动、半自动化驼峰解散车列还应检查报告长轴距、油轮、面轮、碱轮等车辆。

2. 处理:提钩连结员听取调车指挥人采取人力制动机制动、禁止溜放或禁止过峰车的钩序,在调车作业通知单上注明。

【要点概括】

联系清楚设防护,列检试风等结束;
主副风缸均排净,漏排抱闸必须无;
摘管确认开口号,特殊车辆需标注。

三、检查工具备品

检查无线调车灯显设备、手信号灯(旗)、安全带、号角(口笛)、防溜器具、铁鞋叉子、提钩摘管器、胶圈、简易紧急制动阀等状态良好。

【要点概括】

工具备品须良好，提前检查不可少；
发现不良先更换，使用当中才可靠。

四、检查线路

检查线路上有无障碍物，防护信号是否撤除，大门开启状态，调车组扳动的道岔是否良好及开通位置，线路两旁及站台上堆放货物距离是否符合规定（线路两旁堆放货物，距钢轨头部外侧不得小于1.5 m。站台上堆放货物，距站台边缘不得小于1 m。货物应堆放稳固，防止倒塌），不符合规定要求时，不允许进行调车作业。

五、检查车辆

核对现车、注意事项，检查停留车位置、开口车号、连挂状态，有无压鞋、人力制动机状态，调整好钩位。

【要点概括】

线岔检查看进路，限界之内无异物；
货物堆放要稳固，安全距离要留足；
装卸作业已停止，防护信号已撤除；
大门门钩须挂好，道口槽内无异物；
车辆检查钩管闸，检查走行看加固；
发现问题及时报，挂车需待隐患除。

思考题：

1. 调车指挥人向连结员传达计划时，应布置哪些内容？
2. 调车作业须做好哪些准备工作？
3. 排风作业前与调车领导人联系，了解哪些事项？

4. 排(拉)风摘管后,逐辆检查哪些事项?

5. 作业前应检查哪些工具备品?

6. 检查线路、车辆应检查哪些事项?

第二节　驼峰解散车列、平面牵出线溜放

培训目标:使学员学会如何制定作业方案,掌握解体作业联系要求,强化提钩作业和制动作业的实作能力。

教授方法:课堂讲解、调车演练;组织学员现场实际操作,重点教授如何选择制动地点、制动方法。

教学组织:

1. 静止上鞋练习。
2. 驼峰溜放,峰上提钩、峰下铁鞋制动练习。
3. 平面溜放,牵出线提钩、人力制动机制动练习。

练习方法:

1. 静止上鞋:教师示范,组织学员逐人练习。
2. 驼峰溜放:分为两组分别由教师带队,一组学习峰上提钩作业;另一组练习铁鞋制动。然后互换练习。
3. 平面溜放:分为两组分别由教师带队,一组学习牵出线提钩作业;另一组练习人力制动机制动。然后互换练习。

所需物品:铁鞋叉子、制动铁鞋。

一、制定作业方案(适用简易驼峰和平面溜放)

根据作业计划、股道内停留车距警冲标距离、溜放车组等情况确定铁鞋制动钩数、隔钩车及1人制动不同股道、须峰上停车等待要求、采取人力制动机制动、推送下峰作业钩序等。

【要点概括】

作业方案需详细，结合站场和实际；
根据计划和钩序，看准车辆和距离。

二、连挂、牵出车列

1. 提前到达挂车地点，核对取车末端车号，按规定摘管提钩。

2. 排风摘管作业完了，及时通知调车指挥人，以便调车指挥人指挥机车连挂车列。

3. 确认机车连挂或得到调车指挥人联系后，牵引运行时向调车指挥人显示牵出信号，确认车列起动无误，向调车指挥人显示好了信号；车列到达折返地点后，向调车长显示停车信号；推进运行时，向调车指挥人显示推进信号。

4. 车列牵出时，按计划查对每组溜放车车数，核对提钩处软管摘开，防止提错钩或拉断软管；检查有无抱闸车、禁溜车（禁峰）车、不适于使用铁鞋制动的车辆等，发现问题能够提前预防、处理；核对最后一辆车号正确（遇特殊情况，连结员不能确认牵出车列最后一辆车号时，由调车指挥人负责确认），防止挂错车，无论多挂还是少挂，如果没有发现，仍按计划提钩溜放，就会打乱车辆停留线路、编组顺序，造成返钩作业。

5. 摘挂整场应检查线路、车辆停留、货物装载、调整好钩位。

自动、半自动化驼峰解散车列还应检查长轴距、油轮、面轮、碱轮等车辆。

【要点概括】

末端车辆对车号，排风摘管确认好；
挂妥牵出先联系，启动无误发信号。

三、作业联系(适用简易驼峰和平面溜放)

1. 确认制动连结员上岗后,向调车指挥人报告准备好了。

2. 人力制动机制动,试闸良好后向调车指挥人或提钩连结员显示好了信号。

3. 检查核对车组无误,确认制动连结员试闸好了信号后,向调车指挥人报告或显示好了信号。

【要点概括】

一批作业配合好,联系确认不可少;
互相提醒勤报告,调车安全能确保。

四、驼峰解散车列、平面牵出线溜放车辆

(一)提钩作业

1. 简易驼峰和平面牵出线溜放作业按计划查对车数,大组车核对车号,随时确认驼峰信号机(平面溜放为调车信号机)或调车指挥人手信号的显示状态。根据车组大小、车辆走行性能、气候条件、难易行线、间隔距离、禁溜车等情况,正确提钩。

自动、半自动化驼峰解散车列,连结员要监视驼峰信号的显示,监督司机按信号显示准确掌握推峰速度。按作业计划准确掌握提钩时机,正确提钩,做到一确认(信号显示、摘钩车数、大组车摘钩车号、推峰速度、车组走行);二检查(软管、提钩杆、抱闸车、长轴距车、油轮、面轮、碱轮及禁止溜放和过峰车辆);三提钩(掌握提钩时机,不错、不漏)。

【注解】 (1)根据不同车组的脱钩点,掌握提钩时机,小车组在越峰 1/2 左右,大车组在越峰 1/3 左右脱钩。当大车组前重后

空时，提钩时机还要提早；反之，前空后重则可稍延迟。

(2)提钩作业应做到“钩不脱，手不离”，两人提钩时做到“前钩不脱、后钩不提”，“交叉提钩、呼唤应答”。

(3)遇下列情况不准提钩：计划不清不提；现车不符不提；禁溜和禁峰车辆(包括禁止通过减速器的车辆)不提；信号不明不提；前钩不脱后钩不提；抱闸车不提；前钩车途停不提；堵门车不提；车组间隔不足不提；未得到制动连结员试闸良好的信号不提；前钩人力制动机制动，后钩铁鞋制动，前钩车未过分歧道岔，后钩不提。

自动、半自动化驼峰解散车列遇长轴距、油轮、面轮、碱轮等车辆同样不准提钩。

2. 简易驼峰和平面牵出线溜放作业，发现异常情况，及时报告或采取停车措施；自动、半自动化驼峰遇有提钩车号不符，危及安全时，应立即报告驼峰调车指挥人处理，来不及时应迅速按下切断器再行报告。

3. 驼峰解散车列，遇有漏摘软管或没有提钩链的车辆，使用提钩摘管器进行摘管、提钩。平面牵出线溜放车辆，遇有漏摘软管或没有提钩链的车辆，须停车摘管捆绑钩链，不能处理时推送作业。

【注解】 严禁在车列走行过程中，进入线路摘管、提钩；严禁在车列走行中抢越线路去反面提钩。

(二)铁鞋制动作业(适用于简易驼峰、平面牵出线作业)

1. 调速制动

(1)调速连结员根据计划，准备足够的良好铁鞋，掌握关键、重点股道、人员技术、停留车位置、溜放车组空重、溜放车组大小、气候条件等信息，监视各股道车组走行，认真观速观距，正确调速。

【注解】 关键、重点股道：停有装载特殊货物车辆的线路，控制车组走行速度。难行线溜放难行车的线路，注意溜放车辆走行速度，防止途停。连续几钩均为大组车，后组车是作业关键，要求峰上适当降低速度或暂停溜放、稍做等待。

停留车位置：停留车位置远速度高些，位置近速度低些。

溜放车组空重、溜放车组大小：大组车、重车应把脱鞋器的出口速度控制小些，反之则大些。

观速观距，正确调速：将脱鞋器的出口速度调至《站细》规定速度。当一条线路上有两个及其以上车组在走行时，脱鞋器的出口速度要逐钩递减。

(2)发生危及行车安全时，及时采取措施或向制动人员报警。

【注解】 发生脱鞋器缓停车辆时，调车组人员立即显示停车信号或用无线电台报告调车指挥人，并积极采取应急措施拦停后续溜放车辆。遇漏调速制动或脱鞋器的出口速度较高时，应及时通知制动人员，采取应对措施。

(3)一批作业完了，及时将铁鞋归位、摆齐。

2. 目的制动

(1)根据计划钩序、辆数、空重、难易行线、停留车位置、车辆走行、气候条件，采用相应的下鞋方法，准备足够的良好铁鞋。但单个车辆应一车三鞋单轨双基本，小组车应下基本鞋。

【注解】 考虑计划钩序：确定基本鞋安放位置和下鞋地点，一条线路连续溜放车组较多或连续负责多条线路制动时，应向调速连结员或调车指挥人提出加大溜放间隔距离、降低溜放速度或“暂停溜放”的要求。

考虑计划辆数：单个车、小组车应采用远放基本近掏档方法（即距停留车较远的地方安放基本鞋，距停留车较近的地方安放辅助鞋）；大组车、隔钩车应采用近放基本远掏档方法（即距停留车较近的地方安放基本鞋，距停留车较远的地方安放辅助鞋）。溜行速度较大的大组车，还可以使用“让头拦尾”，集中下鞋的方法。

考虑难易行线：易行线应采用远放基本近掏档方法；难行线采

用近放基本远掏档方法。

考虑车辆走行：速度高的易行车应采用远放基本近掏档方法；速度低的难行车采用近放基本远掏档方法。

停留车位置、气候条件：停留车位置远，车辆走行速度可能低些，位置近则速度可能高些。天气原因：逆风、顺风对车辆走行速度会产生影响；雨、露、霜天气，钢轨上有积冰、积水，会降低制动力；下雪天气，轨面上存有积雪，会降低车辆走行速度等等，都应当给予考虑，正确观速观距，选择适宜地点，采取相应的下鞋方法。

(2)选择适宜地点，准备足够的良好制动铁鞋，遇天气不良或钢轨有油渍、盐、碱、冰、雪、霜等情况时，撒好砂子，正确观速观距，准确安放铁鞋，做到安全连挂或车组间天窗不大于 4 m。

【注解】 适宜地点，选择制动地点距停留车过近，制动距离不足以使溜放车辆停车，选择制动地点距停留车过远，溜放车辆制动停车后，天窗(车组与车组之间的距离)过大，浪费线路有效长，增加机车整场次数。故选择制动地点很重要，应根据溜放车数、溜放速度、车辆空重并结合铁鞋制动方法来选择距停留车足够距离的地点下鞋。

撒砂子，遇天气不良或钢轨有油渍、盐、碱、冰、雪、霜等情况时，能增加制动力并避免吐鞋。

选择足够数量的铁鞋，根据溜放车数、溜放速度来选择铁鞋数量，单个车一车三鞋(两个基本)，两个车准备 2 至 3 只鞋够了，溜放车数多，准备的铁鞋数量也应随之增加。

铁鞋制动安全要领：小组车应以基本鞋为主进行调速制动；大组车应选择在合适位置提前使用 1、2 只辅助鞋进行调速制动。避免不进行调速制动，直接采取尾部集中下鞋方式(溜放速度较低时除外)，如果一旦产生掉鞋，会打乱下鞋计划，从而造成慌乱，可能后续的几只鞋也下不上，而产生严重后果。

铁鞋制动下鞋要领及人身安全注意事项：

①提前观察溜放车辆、货物装载状况，防止被车辆附挂的异物剐碰。

②铁鞋制动时，前手距叉杆前部（安装叉头部位）不少于500 mm，后手应握紧叉杆后部，不得探身过近，避免被车辆剐碰。

③使用铁鞋叉子向钢轨上安放铁鞋时，应由下向上挑起铁鞋，不要从上往下向钢轨上安放铁鞋（容易掉鞋），使铁鞋底板边缘卡上钢轨头部外侧，然后叉杆后部抬起放平铁鞋，抽出铁鞋叉子，做到快、准、稳。

④使用铁鞋制动时，应背向来车方向顺向下鞋（图3-2-1），并注意车辆、货物状况和邻线机车车辆的动态。禁止面向来车方向对向下鞋（图3-2-2），防止因车速较快铁鞋叉撤除不及时或铁鞋叉子被车梯剐碰伤人或带倒，而危及人身和行车安全。

(3)一批作业完了，及时撤除铁鞋，归位、摆齐。

目的：一是避免漏撤铁鞋，防止拉鞋，二是为下一批作业打下基础，三是定置管理需要。

图3-2-1　背向来车方向顺向下鞋

图 3-2-2　面向来车方向对向下鞋

(4)压鞋时,应按《站细》规定处理。根据作业进度或在一批作业完了及时安排取出。

【注解】 铁鞋制动压鞋时,应在被压死的铁鞋上插上另一只铁鞋作为标识(车辆拉动,被压的铁鞋会自动掉落到钢轨下面),并报告调车领导人和调车指挥人或调速制动连结员。

(5)禁止使用铁鞋的地点、车辆及注意事项。

禁止使用铁鞋的地点:

①道岔区域内(有关线路警冲标外方)。

②线路的道口(平过道)处。

③非指定使用铁鞋的线路(《站细》内规定)。

④异型钢轨接头处。

⑤铁鞋脱落器的护轮轨部位。

⑥加、减速顶区。

⑦停车器(车辆减速器)内。

⑧曲线外轨严禁使用铁鞋。因车辆轮对在曲线上行驶时,由于离心力的作用和车辆改变运行方向的需要,外侧车轮挤压外侧

钢轨，着力点不平衡，外轨“上鞋”，容易被车轮撞掉；同时当轮对运行于曲线时，外侧车轮较内侧车轮走行距离长，以保持轮对的平衡移动，如外轨“上鞋”阻止外轨车轮走行，就破坏了平衡，容易造成车辆脱轨。

⑨调车场以外的线路，主要因钢轨型号不一，所以严禁使用铁鞋制动。

禁止使用铁鞋制动的车辆：

①直径 950 mm 及以上的大轮车。

这是因为铁鞋托座弧面是根据一般轮对直径 840 mm 制作的，而 950 mm 及其以上直径的大轮车使用普通铁鞋时，车轮踏面与托座弧面不密贴，既影响制动效能，又可能撞掉铁鞋。

②外闸瓦的车辆。

因外闸瓦车的闸瓦钎子距轨面最低为 25 mm，铁鞋高度为 110～125 mm。因此，铁鞋放在轨面上时，容易被闸瓦钎子撞掉或被推着滑行，起不到制动作用。

注意事项：

①使用铁鞋前，应选择足够数量的良好铁鞋，最好在钢轨上试滑一下，看看是否稳固合适。为防止打跑铁鞋，可以在鞋尖上放点砂子。

②注意车辆构造。安放辅助鞋时，要注意车体两侧有无下垂的侧板或其他突出物。

（三）人力制动机制动作业（适用于简易驼峰、平面牵出线作业）

人力制动机是车辆自带的调速制动装置，溜放车辆时，在作业人员的操作下通过杠杆力的作用，使闸瓦压紧车轮而产生摩擦阻力，实现对车辆的调速或制动（图 3-2-3）。使用脚踏式、NSW 型人力制动机调速制动时，应防止闸链全部松开。

图 3-2-3 人力制动机调速制动

1. 要提前检查闸链（连接闸杆及制动活塞的两段闸链）、闸瓦、闸杆、闸盘、闸台、掣锤、掣子、掣子盘作用是否良好。

2. 按下列标准进行选闸：

①选标不选杂（标准型人力制动机制动性能较好）；

②选大不选小（大闸盘车辆比小闸盘车辆制动力强）；

③选双不选单（选对口闸以防止一车人力制动机不能有效调速时可立即使用另一车人力制动机）；

④选重不选空（重车质量大，制动时先减速会很快带着其他质量较小的车辆减速）；

⑤选高不选低（选易于瞭望前方进路及停留车位置的车辆）；

⑥选前不选后（选溜放车组中偏前的闸位，不仅易于瞭望，而且调速方便）；

⑦严禁选装载易窜货物（如原木）的车辆。还应考虑天气原因，如雪天钢轨上的积雪会被带到车轮踏面与闸瓦间，降低制动力，所以雪天人力制动机制动应尽量不选第一辆车。

3. 使用人力制动机时，抓牢站稳，按规定使用安全带，牵出时进行试闸。试好闸后，向调车指挥人或连结员显示试闸良好信号。

【注解】 人力制动机虽经选择和检查，但没有经过试验仍不能判断其好坏。因此，溜放前还必须对选定的人力制动机进行试验，判断其作用是否良好。

试闸方法为一闸二试，即：停车试闸和牵出试闸。

停车试闸的步骤是一看、二拧、三蹬、四松。

一看：看闸链是否损坏，闸盘是否良好，闸杆有无弯曲，零部件是否齐全等。

二拧：上车将人力制动机拧紧，看是否有弹力。

三蹬：下车用脚蹬闸瓦、闸链，检查闸链、闸瓦是否作用良好。

四松：上车将人力制动机松开，对链子闸不要将闸链松的过长，以防拧闸时影响制动力。

牵出试闸，一听闸瓦与车轮的摩擦声，拧闸时发出吱吱声音的是好闸；二看车轮的伸缩状态，车辆前端车钩呈拉伸状态，后端车钩呈压缩状态；三感觉车辆拧闸时车辆反弹力大的制动力强，反弹力小的制动力弱。在雨、露、霜、雪等不良天气，车轮踏面闸瓦都会有水滴，制动力弱，应进行磨闸，即拧紧人力制动机使闸瓦接触车轮踏面摩擦发热，使之干燥，增加制动力。

人力制动机制动，严禁不选闸、不试闸就显示好了信号或报告好了，防止一旦人力制动机故障不能使用(坏闸)，或是闸链缠绕卡在闸杆支架上失去制动作用，而发生严重后果。

4. 正确观速观距，观前顾后，均衡调速，稳妥连挂。

【注解】 正确观速观距：根据溜放速度、与停留车距离、溜放车数、空重等确定是否需要进行调速制动。

观前顾后：连续溜放时，即要照顾与前行车组的距离，又要考虑与后行车组的距离。

均衡调速：人力制动机制动时，要均衡、平稳调控速度，不能过早地将速度调的太低，一是影响后续车组溜放，二是车辆溜不到预定位置，三是速度太低不能进标。也不能调速过晚，调速太晚速度过高不容易控制，如果速度降不下来，可能造成车辆冲撞。

5. 多人制动一车组，以第一位制动连结员为主，其他制动连结员听从第一位制动连结员指挥。

【注解】 制动连结员根据不同作业情况，应灵活掌握，如溜放车组速度较高时，应将速度调到可控范围；如溜放车组后端按预定位置停车，则应以后端制动连结员为主。

6. 制动完了，松开人力制动机。

【注解】 松开人力制动机标准：掣锤抬起、掣子落下，制动链不与闸杆缠绕全部松开。

一个制动连结员制动的辆数，原则上重车不得超过7辆（空车2辆折合1辆重车）。具体制动辆数，按《站细》规定。

（四）禁溜线送车

自动、半自动化有禁溜车时，提前报告调车指挥人，以便调车指挥人及时关闭驼峰信号，停止推峰，准备向禁溜线送车。提前检查确认禁溜线线路及车辆，对送入禁溜线的车辆，先防溜后提钩。

【要点概括】

1. 驼峰溜放"九不提"

计划不清不提；现车不符不提；信号不明不提；

有抱闸车不提；遇堵门车不提；软管未摘不提；

禁溜禁峰车辆不提；前钩未脱后钩不提；车组间隔距离不足不提。

2. 平面溜放"九不提"

计划不清不提；现车不符不提；信号不明不提；

有抱闸车不提；遇堵门车不提；软管未摘不提；

禁溜车辆不提；没有试闸"好了"信号不提；前组未过分歧道岔后组不提。

3. 选闸要求

选大不选小，选双不选单，

选重不选空，选高不选低，

选前不选后，选标不选杂。

4. 峰下作业

选鞋备鞋足数量，选闸试闸保质量；

车组情况需知详，观速观距勤瞭望；

车组调速掌握准，钩车间距要适当；

一车三鞋双基本，远下基本近掬档。

思考题

1. 驼峰解散车列牵出时，连结员应检查哪些事项？
2. 自动化驼峰提钩连结员要准确掌握提钩时机，应做到哪些？
3. 驼峰解散车列如何掌握脱钩点？
4. 驼峰解散车列哪些情况下不准提钩？
5. 人力制动机制动时如何选闸、试闸？

第三节　取送作业

培训目标：使学员熟知取送车作业连结软管规定、经过道口作业要求、走行线上道岔检查办法及进入专用线前检查要求，并对发现的问题能够正确及时处理；掌握连挂车辆前检查线路、车辆项点，连挂车辆时能正确观距观速，及时呼叫（显示）距离信号，按规定接通软管作业，摘挂车辆时，能按规定安撤防溜措施。

掌握推进运行瞭望、信号确认要求，熟悉确认通风状态、使用简易紧急制动阀方法，能判断是否需要试拉作业。能及时向调车长呼叫（显示）推进信号；能及时报告停车地点，确认信号和进路、联控进路、白灯报告，正确观距观速，及时呼叫（显示）距离信号。

教授方法： 课堂讲解；现场讲解，实际操作、演练。

教学组织： 由教师组织学员熟悉现场，介绍现场设备条件，由教师假设货物线、岔线、段管线取送车条件，对不同线路进行作业练习，重点练习经过道口作业、走行线上道岔检查，巩固线路、车辆检查事项及连结软管作业，学员按规定作业，教师指导作业方法。根据现场编制一批调车作业计划进行作业。有条件的使用机车作业，无条件的根据计划模拟演练。

练习方法： 结合学员所在站等级，使用甲种或乙种调车作业计划单编制调车作业计划，组织学员2人为一组，教师担任调车指挥人，明确计划分工，布置作业重点，学员练习检查、准备、确认进路、推进（连挂）、呼叫距离信号、安撤防溜作业等，并执行经过道口作业规定，按规定摘接软管、检查重点事项。不具备现场练习条件时，以模拟演练方式进行练习，学员口述作业过程和检查事项。练习结束后，教师进行点评。

所需物品： 无线调车灯显设备、安全带、防溜工具、简易紧急制动阀。

1. 去岔线、段管线作业时，按规定连结软管时应确认通风良好。使用简易紧急制动阀时，应进行制动试验。

进入专用线道岔（集中联锁区除外）、大门、装卸地点前应一度停车，调车指挥人亲自或派人检查线路、道岔（集中联锁区除外）、大门、停留车等，确认符合作业条件后，方准进入。

2. 调车作业通过的道口无人防护时，速度不得超过15 km/h。机车车辆通过专用线道口前，调车指挥人应与道口防护人员联系，确认道口防护人员已到位并做好防护后通过道口（单机或牵引运行时通知司机），否则应停车确认安全后，以不超过15 km/h的速度通过。

3. 专用线走行线上由调车人员扳动的道岔，开通走行线并加锁时，可不停车检查，运行中应加强瞭望。

4. 进入货物线、岔线、段管线前应派人检查线路上无障碍物，大门开启，装卸停止，防护信号及装卸机具已撤除，调车组扳动的道岔作用良好开通位置正确，线路两旁及站台上堆放货物距离符合规定（线路两旁堆放货物，距钢轨头部外侧不得小于 1.5 m。站台上堆放货物，距站台边缘不得小于 1 m。货物应堆放稳固，防止倒塌），车下无障碍。检查停留车辆（使用钩机、铲车装卸作业的还要重点检查车轮有无离开轨面，车辆有无破损）。

5. 按作业计划及货运人员的要求，对好货位。按规定采取防溜措施，与货运人员、专用线或段管线指定人员在《防溜交接簿》内办理防溜互签，一旦出现因防溜造成的问题，能够明确责任。

按规定采取防溜措施，即按《站细》规定采取 3 道、2 道或 1 道防溜措施。

6. 作业完了后，应及时将引向安全线的道岔及《站细》规定须保持定位的道岔恢复定位，并向车站值班员报告。

7. 每次作业完毕，应将计划变更的情况、停留车位置及防溜措施等，一并向调车领导人报告清楚。

8. 按规定连结软管确认通风良好。安装简易紧急制动阀时，应进行制动试验。

【注解】 确认通风良好方法按各企业规定执行。确认通风良好常见方法有通过连结软管末端车辆制动活塞收回确认，打开连结软管末端车辆折角塞闭通风确认，简略试验确认。现将简略试验作业程序介绍如下：

（1）调车人员到达调车车列中连结软管的最后一辆处，通知司机简略试验。部分连结软管时，需通知司机连结软管车辆的数量。

(2)司机缓解列车并确认达到规定的压力后,使用自阀减压100 kPa并保压1 min,测定列车管贯通状态。

(3)调车人员检查确认最后一辆车制动活塞伸出后,通知司机尾部车辆已制动。司机检查列车管压力下降每分钟不超过20 kPa后,缓解列车;如最后一辆车为自动制动机不起作用的车辆,顺延连结下一辆(全部连结软管时确认前一辆车)自动制动机良好的车辆。

(4)调车人员确认伸出的制动活塞收回后,通知司机尾部车辆已缓解。

(5)调车人员向调车指挥人报告,用语为:"×号,尾部通风状态良好",调车指挥人复诵后方可进行作业。

9. **非集中区执行要道还道制度,确认扳道员(长)股道号码(设有股道表示器的除外)及道岔开通信号;集中区确认调车信号开放。**

10. **推送车辆前要先试拉,车列前部应有人进行瞭望,及时显示信号。确认停留车位置有困难时,派人显示停留车位置信号。**

【注解】 推送车辆前试拉必须拉动全部车辆,以确认车辆全部挂妥,防止假连结或顶钩,在推进过程中发生射箭而危及行车安全。

车列前部应有人进行瞭望,及时显示信号:严禁车列前部无人瞭望推黑车,盲目推进易发生冒进信号、与车辆或车挡发生冲撞等事故。

确认停留车位置困难时,派人显示停留车位置信号:线路曲线、夜间及雨、雪、雾不良天气等确认停留车位置困难时,应派人显示停留车位置信号。

11. **连挂车辆(单机挂车除外),正确及时显示十、五、三车距离信号,并听取司机鸣笛回示,没有回示立即显示停车信号,防止**

司机没有听到，速度不降而发生冲撞事故。

【注解】 十、五、三车距离分别为110 m、55 m、33 m，可选好参照物（如邻线的车辆、铁鞋台等）。

连续连挂时，可不停车连挂，要确认连挂状态，车组间距超过10车时，应进行试拉。

确认连挂状态：每组车都须确认连挂妥当，即两车钩钩舌互相咬合，钩锁铁锁脚落下。

连挂车辆或向空线送车，末端车辆距信号机（警冲标）不足30 m时，应要求开放末端调车信号或将道岔开通本线。

12. 摘车时，应在车辆停妥后，按规定做好防溜措施再提钩；挂车时，挂妥后，再撤除防溜措施，对遗留车辆应先采取防溜措施，再摘开车钩。

13. 车辆摘挂完毕，推进或牵出车辆前，按规定确认车列挂妥。

【注解】 推进前通过试拉的方式确认车列挂妥，牵出时确认车列挂妥为确认车列全部起动。

14. 使用手信号调车作业中转信号分为车上中转和地面中转，在推进车列较长时，调车指挥人确认前方领车人员信号困难，中转信号人员均等排列，依次确认、中转前方手信号，保证调车指挥人能够及时向司机显示前方领车人员的信号显示，确保作业安全。

【要点概括】

摘挂车辆检查好，现车不符及时报；
推进之前试拉好，均等排列不可少；
领车瞭望不间断，异常情况发现早；
位置距离掌握准，十五三车及时报；
道口大门和线岔，取送之前细检查；

装卸作业已停止，确认距离和堆码；
防护信号须撤除，看好车上和车下；
进入岔线段管线，安装紧急制动阀；
安撤防溜标准化，两先两后执行好；
防溜交接须签认，对好货位不能差。

思考题：

1. 推送车辆连挂作业时，对显示信号有什么要求？
2. 调车作业时，哪些情况下需要试拉？
3. 摘挂车辆末端距警冲标或信号机较近时，应采取哪些安全措施？
4. 如何确认车辆连挂妥当？
5. 摘挂车辆时，对防溜措施的安撤时机是如何规定的？

第四节　列车摘挂、编组

培训目标：使学员掌握列车摘挂、编组作业规定，编成车列停放位置、关门车编挂、防跳销插设、符合开车条件等有关要求。

教授方法：课堂讲解、调车演练；组织学员现场实际操作，重点教授停放位置规定、关门车、折角塞门、软管连结状态等如何检查确认。

教学组织：由教师带领学员对线路、停留车辆进行检查，检查前教师加入检查方面故障，学员检查，教师指导检查方法。

所需物品：无线调车灯显设备、安全带、防溜工具。

练习方法：根据教师和学员数量进行分组练习。教师为每名学员设置故障，前一名学员检查处理故障的同时，教师为下一名学员设置故障。每名学员检查结束后，由教师进行点评。

一、关门车编挂

1. 关门车不得挂于机车后部三辆之内。

列车能否形成紧急制动，取决于列车制动主管的减压速度。机后三辆之内编挂关门车，虽能通风，但进行紧急制动时，由于该车不能加速对主风管排风，影响制动主管的减压速度，可能造成其后部车辆不能或延迟产生紧急制动作用，容易发生危险。

2. 在列车中连续连挂不得超过两辆。

当列车制动时，在列车尚未全部停轮前，各车辆间产生瞬间冲动、冲挤现象。关门车本身不制动，冲挤就比较激烈，如关门车连续连挂过多，就很可能因制动冲挤而造成脱轨、断钩、脱钩等事故，故连续连挂以二辆为限。

3. 列车最后一辆不得为关门车。列车最后第二、三辆不得连续关门。

为避免列车尾部纵向冲动过大，造成最后一辆车脱轨，并防止列车最后一辆车分离后溜逸，规定列车最后一辆车不得为关门车，最后第二、三辆车不得连续关门。

4. 对于不适于连挂在列车中部但走行部良好的车辆，经列车调度员准许，可挂于列车尾部，以一辆为限，如该车辆的自动制动机不起作用时，须由车辆人员采取安全措施，保证不致脱钩。

当车辆发生制动主管故障、通风不良、车钩故障等情况，但转向架技术状态良好时，考虑到对全列车制动作用的不利影响，不适于连挂在列车中部，在必要时可挂于列车尾部，此时对全列车制动作用的影响最小。如车辆的自动制动机不起作用时，必须对该车及相邻车辆连结的车钩采取防止车钩分离的安全措施，保证不发生车钩分离。

5. 旅客列车、特快货物班列不准编挂关门车。在运行途中

（包括在站折返）如遇自动制动机临时故障，在停车时间内不能修复时，准许关闭一辆，但列车最后一辆不得为关门车，120 km/h 速度等级及编组小于 8 辆的 140 km/h、160 km/h 速度等级列车按规定关门时需限速运行，车辆乘务员须向司机递交限速证明书。编有货车的军用列车、路用列车编挂关门车时，除有特殊规定外，执行货物列车的规定。

基于安全性的要求，旅客列车、特快货物班列不准编挂关门车。在运行途中（包括在站折返）如遇自动制动机临时故障，在停车时间内不能修复时，准许关闭一辆，但为避免列车尾部纵向冲动过大，并防止列车最后一辆车分离后溜逸，规定列车最后一辆不得为关门车。

二、摘挂车辆

摘挂车辆前，应检查线路、车辆停留、货物装载、调整好钩位。编组列车和列车摘挂作业还要检查防溜措施、关门车、车辆状态。牵引车列运行前，要确认具备运行条件，有关作业人员已上车；车列起动后要确认车列全部起动（尾部车辆动车）。挂车、推进车列运行前，要检查好线路车辆、确认好进路，加强瞭望，发现危及安全情况及时采取措施。严格执行"两先两后"，即没有连挂妥当不得撤除防溜措施，没有采取防溜措施不得提开车钩。

三、编组试拉

根据需要，将车列停放在适当或《站细》规定的位置，按规定采取防溜措施后摘钩。

确认车列挂妥后应进行试拉，保证车列内所有车辆连挂妥当。将车列停放在适当或《站细》规定的位置，一是留够本务机车、补机和列检安设防护信号距离，二是按列检与车站协商确定的停车位置停放，一般以列检安设的停车位置牌或列检通风长管能连结车辆软管位置停放。

编组车列完了连挂最后一钩要试拉，试拉时必须保证所带车辆全部拉动。列车的尾部由其他机车加挂车辆试拉时，可拉动加挂车辆确认连挂妥当。防止在开车时，因没有挂妥或车钩被提开而出现列车分离。

四、编成复检

按规定复检编成车列。对编成的列车应检查人力制动机是否松开（规定防溜的除外），无列检作业的软管是否连结良好、折角塞门是否全部打开，折角塞门把手与主动主管平行，编成辆数是否正确，机次三辆车、列车最后一辆是否关门车；列车最后第二、三辆是否连续关门等。

五、编成报告

列车编成后，向调车领导人报告，以便调车领导人通知车站值班员（车站值班员兼调车领导人除外）组织发车作业。

【要点概括】

编组作业看计划，列车编成须试拉；
复检完毕再报告，停放位置不能差。

第五节　手推调车作业

培训目标：使学员学会手推调车，会使用人力制动机制动，了解手推调车作业限制和要求。

教授方法：课堂讲解，组织学员现场实际操作。

教学组织：将学员 6～10 人分为 1 组，其中 1 人负责人力制动机制动，1人负责在预计停车位置安放铁鞋防护，其余人员均匀地分布在车辆两侧或一侧进行手推调车。

练习方法：教师组织学员均匀地分布在车辆的两侧或一侧推车；教师做示范，担任连接员负责人力制动机制动，按现场实际情况，可选择向有车线推进连挂作业，也可向空线预计停车位置手推调车；教师示范后，组织学员分批次练习人力制动机制动。

所需物品：撬棍、安全带、防溜铁鞋。

手推调车（图3-5-1）是通过人力在短距离内移动车辆位置，必须取得调车领导人的同意，因为调车领导人应全面掌握线路使用、设备特点和作业进度等情况；手推调车作业前，必须向调车领导人说明推动辆数、方向、预计移动距离；手推调车前，要认真检查人力制动机的状态，提前试好人力制动机，确认作用良好，派胜任人员负责制动，并执行“上车先挂钩，下车先摘钩”的规定。为了能够随时按要求停车，手推调车的速度不得超过3 km/h。

图3-5-1　手推调车

一、禁止手推调车的规定

1. 在正线、到发线及实际坡度超过2.5‰的线路上不准手推调车。

考虑正线、到发线主要办理接发列车作业，安全要求高，禁止手推调车；在超过2.5‰坡度的线路上手推调车时，若制动不及时或制动不当，容易造成车辆溜逸。但由于线路条件限制或特殊作业需要，必须在正线、到发线及超过2.5‰坡度的线路上进行手推调车时，车站应制定安全措施，经铁路局集团公司批准，纳入《站细》。

2. 在停有动车组的线路上禁止手推调车。

动车组是独立固定编组，正常情况下不具备与其他机车、车辆连挂的条件，若手推调车制动不及时或制动不当，容易造成车辆接触或碰撞动车组，损坏动车组，所以在停有动车组的线路上不得手推调车。

3. 遇暴风雨雪或夜间无照明时禁止手推调车。

天气不良，遇有暴风雨雪时，作业条件不好，外界环境因素影响大，车辆有可能在外力的作用下溜逸，因此不得手推调车。夜间无照明，无法确认进路、作业人员动作难以协调，同时又难以照顾推车人员安全，因此也不得手推调车。

4. 接发列车时，与接发列车进路没有隔开设备或脱轨器的线路，向能进入接发列车进路的方向禁止手推调车。

接发列车时，为防止手推调车制动不当越过警冲标进入接发车进路，影响列车运行安全，与接发列车进路没有隔开设备或脱轨器的线路，向能进入接发列车进路的方向不准进行手推调车。

5. 装有爆炸品、气体类危险货物的车辆禁止手推调车。

上述车辆手推调车如制动不当溜逸时，将造成严重后果，所以为防止意外，不准进行手推调车。

6. 电气化区段，接触网未停电的线路上，对棚车、敞车类的车辆禁止手推调车。

因为棚车、敞车类的车辆大都是高闸台，因接触网的限制制动人员不能使用人力制动机实施制动，不能确保手推调车的有效制动，容易造成车辆溜逸。

7. 装卸车未完的装(卸)原木、水泥电杆、钢管等长大易滚动货物的平车、砂石车，以及敞车货物装出车帮后(未捆绑)或未卸至车帮高度时，不允许手推调车。

因为此时货物处于不稳固状态，随时有滚动或倒塌的危险。

二、手推调车要求

1. 手推调车前必须办理申请手续，说明辆数、方向、预计移动距离，取得调车领导人准许。在衔接正线、到发线而无隔开设备的线路上手推调车时，应填写调车作业通知单，经车站值班员签字准许，在车站值班员准许时间内，未完成手推调车，必须停止作业，重新申请。

2. 调车领导人(车站值班员)将手推调车作业计划(时间、经路和辆数)传达给有关人员，手推调车前，应将道岔锁闭于不能通往该线路的位置，否则应在车辆移动范围外、来车方向左侧钢轨上设置防护信号。

手推调车移动方向的线路内无车辆停留时，可提前在车辆移动的方向前方钢轨上适当地点放置铁鞋防护。

3. 手推调车时，只限重车 1 辆或空车 2 辆；推动车辆不得少于 4 人；推车人员应在车辆两侧地面上推动车辆，禁止站在站台上推车；禁止在轨面高于地面 0.4 m 及以上的线路上推车；禁止相对方向同时推车。

4. 推动车辆困难时，可以使用撬棍撬动车轮，使车辆移动，再结合人力推动使车辆运行。手推调车作业后，应按该线路防溜要求采取防溜措施，并将车辆停留位置、防溜措施等及时报告调车领导人。揭示人员在防溜揭示板上用规定符号标明停留车的防溜措施。

【要点概括】

手推调车要申请，辆数方向要说明；
人力制动试好闸，胜任人员来制动；
速度不超三公里，防溜报告揭示清；
禁止手推要切记，违反哪条都不行。

第六节　调动特殊车辆

培训目标：使学员了解调动特种车辆和装载特种货物的车辆，以及对军用危险货物车辆调车作业相关规定。对特种车辆和装载特种货物的车辆能够预想到切合实际的作业方法；能够预想到编组隔离、运行速度等限制和要求，能够预想到对特种车辆和装载特种货物车辆应该采取的防溜措施；能掌握对专运车、公务车的调车作业相关作业方法和注意事项。

教授方法：课堂讲解；现场实际操作、演练。

教学组织：由教师在室内根据调车作业计划，假设对不同站场、线路、特殊车辆进行调车作业。

练习方法：结合学员所在站等级，使用甲种或乙种调车作业通知单，编制调车作业计划，组织学员两人为一组，其他学员观摩，一组演练完了后换下一组学员演练；教师担任调车指挥人并兼任调车领导人、车站值班员、司机、货运人员、监控干部等配合练习，在演练过程中假设调动各种特殊车辆，学员预想应急处置方法，演练结束后由教师进行点评。

所需物品：编制合理的调车作业计划、无线调车灯显设备、安全带。

一、特种车辆、装载特种货物车辆

1. 特种车辆

特种车辆是指非工作机车，铁路救援起重机，机械冷藏车，大型的凹型和落下孔车，空客车及特种用途车。

特种用途车是指发电车、无线电车、轨道检查车、钢轨探伤车、电务试验车、通信车、检衡车等。

特种车辆和动车组禁止溜放。特种车辆和动车组及涂有禁止上驼峰标记的车辆禁止通过驼峰。

2. 装载特种货物车辆

装载特种货物车辆指装载易燃、易爆等危险货物的车辆，装载军用危险货物和军用特种货物的车辆，国铁集团临时指定的货物车辆，乘有押运人员的货车，装载贵重、精密货物的车辆，装载易碎货物、活动物的车辆，装载超限货物、跨装超长货物的车辆。

装载上述货物车辆严格按"铁路车辆禁止溜放和限速连挂表"规定办理。

调动乘坐旅客或装载爆炸品、气体类危险货物、超限货物的车辆时，不准超过 15 km/h。不得附挂机械冷藏车溜放其他车辆，推峰除外。

二、特殊军用车辆调车作业的基本规定

1. 认真听取调车指挥人计划分工和布置重点事项，掌握溜放限制。

2. 调动该车辆之前，现场通知乘车部队人员或押运人员上车，确认人员全部上车后，向调车指挥人报告，可以连挂该车辆进行调动。

3. 作业时严格控制速度，发现速度超过 15 km/h，及时呼叫减速（显示信号），呼叫后仍不减速时，呼叫停车（显示信号）。

4. 连挂军用危险货物车辆或带有军用危险货物车辆连挂其他车辆领车时，正确及时地呼叫（显示）距离信号，接近连挂时，发现超过 2 km/h 时，及时呼叫停车（显示信号）。

5. 按规定需要接通软管作业时，确认通风良好。

三、标有的△W车辆作业办法

1. 认真审核计划，接受调车指挥人计划分工、布置重点，重点掌握连结软管比例和不少于 10 车处停车、溜放作业限制；

2. 调动△W车辆时，5 辆车内至少有 1 辆连结软管（不足 5 辆时，至少接通 1 辆软管，也可全部接通软管），并确认通风良好；

3. 在接近连挂标有△W的车辆以及带有△W的车辆连挂其他车辆时，信号开放后呼叫推进，在不少于 10 车处一度停车后，再呼叫连结，按照“十、五、三车制”进行连挂作业；

4. 向停有△W车辆的线路实行铁鞋、人力制动机制动时，必须留有 10 m 以上天窗，严禁溜放连挂，其他情况禁止向该线路溜放作业。

四、调动特殊车辆的规定

1. 调动跨装货物的车辆，中间为游车时，侧向通过 9 号及以下道岔，推进运行速度不得超过 5 km/h，超过时，应及时呼叫减速，呼叫（显示）后仍不减速时立即停车（显示停车信号）。

2. 作业时发现所要调动的车辆是检查车、试验车、公务车时，及时向调车指挥人报告，提醒调车指挥人该类车辆不准附挂其他车辆倒调，接近被连挂车辆时，提前呼叫减速，防止冲撞。

3. 溜放作业时，发现风动卸砟车时，及时向调车指挥人报告，该车辆禁止使用车辆减速器制动。

【要点概括】

特殊车辆确认清，调动限制要记明；
计划重点看标记，作业人员互提醒；
隔离速度是关键，停车地点合规定；
重点作业要谨慎，须有干部来监控。

第七节 特殊情况调车

培训目标：使学员掌握天气不良、设备不良、车辆不良、非正常线路作业的相关规定和方法；能根据天气情况，预想采取相应的措施；对常见的车辆故障能够预想处理方法；对假设的特殊车辆时能按规章要求预演作业过程。

教授方法：课堂讲解；现场实际操作、演练。

教学组织：由教师在室内根据调车作业计划，假设各种特殊情况下作业情形。

练习方法：组织学员两人为一组，教师担任调车指挥人工作并兼任调车领导人、车站值班员、司机、货运人员、监控干部等配合练习，练习过程中教师设置故障，学员预想解决方案，教师点评。

所需物品：结合课程需要编制的一批调车作业计划、无线调车灯显设备、安全带。

一、天气不良作业

1. 在昼间遇降雾、暴风雨雪及其他情况，致使调车信号及调车手信号显示距离不足 200 m 时，应携带信号灯作业，用于现场照明、显示停留车位置信号及防止电台故障时，改用手信号作业。

2. 遇天气恶劣调车有关信号显示距离不足 50 m 时，应遵守的规定：

(1)听取调车指挥人发布的命令，平面溜放作业改取送作业，接受计划重新分工；

(2)领车时，加强瞭望，打开信号灯照明，速度不超过 15 km/h，超过时，及时呼叫减速，呼叫后仍不减速时呼叫停车或发出紧急停车指令(手信号作业要显示停车信号)；

(3)驼峰解散车辆作业时，须确认前钩车已越过后续钩的分歧道岔后，方可提钩；

(4)听到调车指挥人恢复正常作业的命令后，恢复正常作业。

二、调动装卸作业未完毕的车辆应注意的事项

1. 传达计划时，已知需调动未装卸完车辆时，重点掌握未装卸完车辆的线路、停留车辆位置，提前出场，做好准备工作；现场检查时发现需调动未装卸完的车辆时，及时报告调车指挥人。

2. 得到货运人员可以挂车的通知后，按照调车指挥人的分工，重点对未装卸完的车辆检查防护牌已撤除，采取撤高、平顶、加固等措施。妨碍调车作业的装卸机具已撤除、线路无障碍物，车门关闭，防溜措施完好后，通知调车指挥人可以连挂作业。

3. 降低连挂速度，调动时严格执行《站细》规定速度。

4. 货运人员要求调动未装卸完毕的车辆经过曲线、岔区时，应拒绝作业。

三、轨道电路分路不良调车作业

调车作业检查车辆时发现锈轮车、盐轮车等可能产生分路不良的车辆时，及时向调车指挥人报告，提醒调车指挥人通知信号操纵人员排列进路按分路不良办理，将进路上相关道岔单独锁闭后，方可作业。调车作业经过分路不良区段时，到达折返地点停车后及时向信号操纵人员报告停车位置。调动保留列车或保留列车开车时，亦执行本规定。

四、同一线路两端同时作业的规定

1. 两端不准相对方向同时推车。

2. 空线禁止两端同时溜放。

3. 不准同时一端推车，一端溜放（但不连挂和不推动分界车组除外）。

4. 不准一端列车出发未出清股道时，另一端向该线路调车。不准该线路中已停留的机车车辆与开出的列车同方向移动。

5. 交流计数式电码化设备的车站，不准一端发出列车头部未越过出站（发车进路）信号机时另一端向外调车。

调车场横向划区作业的车站，同一线路两端同时作业的办法在《站细》内规定，可不受上述规定限制。

五、尽头线上近于 10 m 安全距离调车作业的规定

调车作业发现被连挂车辆末端近于车挡 10 m 安全距离，或空线需将车辆送入 10 m 安全距离之内时，应及时向调车指挥人报告，距停留车或车挡 10 m 之前位置一度停车，以不超过 5 km/h 的速度连挂车辆或靠近车挡。

六、曲线上连挂作业的规定

曲线上挂车时，应调整好钩位，将车钩向便于连挂位置扳动，使两车钩中心水平线相接近，并将两钩舌各开六七成，以加大两钩接触面；降低连挂速度，做好防止溜逸的准备。扳动车钩时，必须在停车状态下进行，挂有机车时要以信号防护调车人员站立位置要适当，呼叫（显示）信号要及时。

七、集中区调车作业遇无调车信号机折返或调车信号机不能开放的作业方法

集中区调车作业遇无调车信号机折返或调车信号机不能开放时，信号操纵人员确认进路正确并将进路上没有锁闭的道岔（不含轨道电路占用区段的道岔）单独锁闭或反排调车进路锁闭后，如需现场准备进路时，还须得到现场进路准备妥当的报告后，方可通知调车指挥人。调车指挥人得到进路准备妥当的通知，并亲自或指派调车人员确认运行方向前端至第一架开放的调车信号机间道岔，无开放的调车信号机为所有道岔开通正确后，方可向司机显示起动信号。单机或牵引运行时，调车指挥人还须通知司机“×道（线）开通好了”。

【要点概括】

特殊情况需镇定，情况不明及时停；
严控速度勤瞭望，联系彻底再运行。

第八节　调车作业应急处置

培训目标：使学员掌握电台、信号、车辆等发生故障后的处理

方法,作业中发生事故后采取的各种应对措施;在车钩故障时,会拆装车钩;了解安装人字形复轨器和海参形复轨器的注意事项,会现场安装人字形复轨器和海参形复轨器。

教授方法:课堂讲解;现场实际操作、设置故障模拟演练。

教学组织:选择合适的场地,教师模拟各种故障组织学员练习;由教师现场演示拆装车钩和安装人字形复轨器和海参形复轨器后,学员们练习,教师指导。

练习方法:1. 结合学员所在站等级,使用甲种或乙种调车作业通知单,编制调车作业计划,组织学员两人为一组,其他学员观摩,一组演练完了后换下一组学员演练;教师担任调车指挥人并兼任调车领导人、车站值班员、司机、货运人员、监控干部等配合练习,在演练过程中假设突发各种故障情形,学员正确处置各种突发情况,演练结束后由教师进行点评。

2. 车钩拆装、复轨器安撤,操作前由教师重点强调车钩拆卸过程中和安装复轨器时应该注意的人身安全事项。教师拆卸车钩演示后,指导学员练习拆装车钩;安装人字形和海参形复轨器时,4人一组,负责搬动、安装复轨器;学员在拆装车钩和安装复轨器过程中,教师要全程盯控、防护、指导,确保人身安全,每组练习完了及时总结、点评。

所需物品:根据教学需要编制的一批调车作业计划、无线调车灯显设备、安全带、防溜用具等;便于拆卸车钩的车辆、人字形复轨器、海参形复轨器、钳子、手锤、活动扳手。

一、无线调车灯显设备故障调车作业

调车作业中,机控器故障、调车指挥人电台故障、推进领车人员电台故障应立即停车,停车后不能恢复时,调车指挥人将

故障情况通知机车乘务员、调车领导人及调车组有关人员改用手信号作业。禁止手信号和灯显设备混用指挥机车作业。灯显设备恢复正常时，不得占用咽喉区试验灯显设备、恢复灯显作业。

二、调车作业中遇到调车信号突然关闭或灭灯的处理方法

调车作业领车过程中发现前方信号机自动关闭或灭灯时，应根据距离信号机的远近，采取显示停车信号(发出停车语音)、发出紧急停车指令措施，停车后无论车列是否越过关闭的调车信号机，都应及时向车站值班员报告具体停车位置，按其指示办理。当调车车列压上调车信号机防护的区段后发生挤岔报警(如机车车辆部件脱落将道岔刮坏)，信号楼作业人员应立即通知调车组停车，防止扩大事故后果。

三、车钩连挂问题处理方法

前后两车钩中心水平线的高度差超过 75 mm 时 ，应向调车领导人汇报处理。

钩舌损坏造成车钩不能锁闭，可用站内停留车或机车前端同型车钩钩舌更换，作业完毕后通知列检人员。无法更换时，应指挥机车转头连挂故障车另一端，将其调移至适当地点，采取防溜措施后通知列检人员处理。

钩舌销损坏时，对列车没有妨碍，应通知本站所在地的列检进行处理，或继续运行到前方有列检所的车站进行处理。

车辆连结时，钩舌已到锁闭位置，但钩锁铁的锁脚不到位，此时可拉开一定距离，重新连挂；如锁脚卡在钩头底部，可用信号旗杆等在钩头底部的空槽内拨动，使锁脚落下。

四、车钩提不开故障处理方法

1. 车钩内有煤、土、砂或杂物等情况车钩提不开时，可提另外一侧车钩。

2. 有时会出现钩舌销弯曲现象，钩舌不能顺利地向外转动，可提另一侧车钩。

3. 钩锁铁栽头被钩肩挡住，提不开车钩时，用手将钩锁铁头部向钩身方向推动后再提钩。

4. 钩锁铁和钩锁销相脱离(13号为多)提不开车钩时，可提另一侧车钩。

5. 钩链过长提不开车钩时，用手或铁鞋叉子挑钩链提开车钩。

五、调车作业中遇软管拉断或破裂时的处理方法

调车作业中遇软管拉断或破裂时通知列检人员进行处理更换。作业中需连结软管时，可用站内其他车辆的软管更换，确认通风良好后继续作业，作业完毕后再由列检人员处理。

六、调车作业发生挤道岔后的处理方法

当发生挤道岔时，如果机车车辆停留在道岔上，不要后退，要按顺道岔方向缓缓移动，将车列全部拉过道岔。必须后退时，将未挤一侧的尖轨与基本轨钉固后，再行后退。复示交分道岔挤道岔后，禁止移动，应报告车站值班员或调车区长通知有关部门处理。

七、调车时车辆发生溜逸时处理方法

1. 应迅速采取各种可行的制动方法，使溜逸的车辆尽快停下。如拧人力制动机，安放铁鞋、止轮器、防溜枕木或其他能使车

辆停下(减速)的器物及对车辆放风等措施。

2. 无法使溜逸车辆停下时,应迅速用无线电台或就近的电话向信号楼或调车领导人汇报,将溜逸车辆前方有关道岔开通不能进入区间或接发列车进路的线路。

3. 溜逸的车辆与运行的列车有发生冲突风险时,应采取一切办法使其车辆脱轨,避免更大的事故发生。

八、常见拉风不缓解的主要原因及处理办法

1. 主管内的风全部放完时,会使三通阀失去外力作用不能动作或三通阀作用不灵敏,不能形成制动缸的排风通路,此时拉风不能放出制动缸的余风,因此,制动机不缓解。遇到这种情况时,应将缓解阀的拉杆拉开后卡上石子,然后关闭该车一端的折角塞门,在另一端向软管吹气,促使三通阀活塞运动,形成缓解位置,使制动缸内余风排出,制动缸活塞缩回而缓解。

2. 拉风不排风,车辆不缓解,也可能是缓解阀排风口堵塞。遇到这种情况,可用铁丝等物穿通缓解阀排风口。

3. 如果是因人力制动机未松开,制动链(拉杆)绷紧,造成制动缸活塞不能缩回所致,应松开人力制动机。

4. 对装有两个副风缸的车辆,拉风时,必须分别拉动两个副风缸上的缓解阀,方能使车辆彻底缓解。对于装有空重车手动调整装置的车辆,如果两个副风缸中只有一个副风缸上装有缓解阀时,可将空重车调整装置扳至空车位,拉动缓解阀,车辆即可缓解。

九、其他特殊情况应急处置

推进领车作业时,前部领车人员发现人员、汽车抢道、机具侵限等危及安全情况时,应果断使用紧急停车键,防止事故发生,危及人身安全时果断选择避险措施逃离危险位置。

十、拆装车钩

(一)拆装车钩的原因和目的

拆装车钩的原因是因为车钩钩舌破损及钩舌处于锁闭状态后,钩锁铁不落槽等故障不能使用,需要更换钩舌或钩头内部零件。

目的是在列检人员不能及时到场处理的情况下,利用暂时不使用的车辆、车钩相同部件进行更换,以恢复车钩作用,减少对作业的影响。

(二)注意事项

1. 取钩舌销时,钩舌必须是锁闭状态,防止在全开位置拔出钩舌销后钩舌落下伤人。

2. 取钩舌时,双脚站在钢轨外侧,用手顺势使钩舌落在两轨枕中间,尽量不要落在轨枕上。

3. 安装钩舌时不要甩钩舌的方式,要用抱钩舌的方式安装。

4. 安装钩舌销时手指不准放在钩舌销下沿处。

(三)拆卸程序

第一步:先将车钩处于锁闭位置,取出钩舌销,如图 3-8-1 所示。

图 3-8-1

第二步：双脚应站在钢轨外侧，左手拉动提钩杆，右手扶着钩舌，顺势使钩舌落在两轨枕中间，尽量不要落在轨枕上，如图 3-8-2 所示。

图 3-8-2

第三步：将钩舌推铁向右侧扳动，使钩锁铁落槽，如图 3-8-3 所示。

图 3-8-3

第四步：将钩锁铁向外侧扳动后，即可取出钩舌推铁；如不能取出钩舌推铁，可将钩锁铁从提钩销下元件的挂钩上摘下后，取出钩舌推铁，如图 3-8-4 所示。

(四)安装程序

第一步：安装钩舌推铁，如图 3-8-5 所示。

第二步：将钩锁铁挂在钩锁销挂钩上，如图 3-8-6 所示。

（a）取出钩舌推铁　　　　（b）拆卸钩锁铁

图 3-8-4

图 3-8-5

图 3-8-6

第三步：使用提钩杆将钩锁铁提起，如图 3-8-7 所示。

图 3-8-7

第四步：将钩舌推铁向左侧扳动后放下提钩杆，使钩锁铁的臀部坐在钩舌推铁的端部，如图 3-8-8 所示。

图 3-8-8

第五步：左手握住钩舌头部，右手握钩舌的尾部安装钩舌，如图 3-8-9 所示。

图 3-8-9

第六步：车钩处于锁闭状态后插入钩舌销，如图 3-8-10 所示。

第七步：检查车钩三态作用，如图 3-8-11 所示。

图 3-8-10

图 3-8-11

十一、人字形复轨器的安装

人字形复轨器，从表面上看，其高起的两条导轮棱（俗称筋）的形状，从表面上看像“人”字，因此称人字形复轨器（图 3-8-12）。它是利用导轮棱条（俗称大、小筋）的作用调整脱轨车轮转动方向，使车轮由地面沿复轨器方向或沿复轨器斜坡滚动升高至钢轨头部，使车轮复轨。

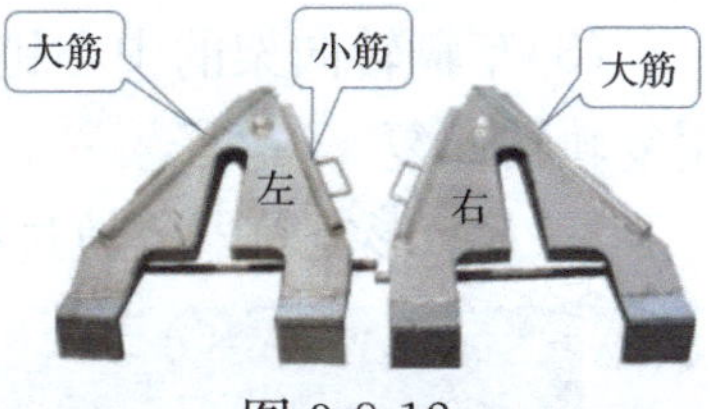

图 3-8-12

1. 安装方法

在脱轨车辆复轨牵引方向的一端按照车轮离钢轨的距离，选择适当的轨枕位置，将人字形复轨器按车列、车辆进行方向左“人”、右“入”字的位置，跨放在钢轨上。两个复轨器要摆放一致（避开连接夹板），不要一前一后或只使用一个，后端须落在轨枕上，再在头部与钢轨顶面接触处垫上薄棉纱或木片、破布等防滑，复轨器的腰或底部填充石碴，以防压翻。对改造过的复轨器，其尾部须与轨枕边相齐，使圆销孔在轨枕下，然后插进加固圆销即可，如图 3-8-13 所示。

图 3-8-13　人字形复轨器的安装方法

2. 安装注意事项

(1)复轨器不要安装在钢轨接头处,因该处有连接夹板,复轨器不易平放。不要在腐朽的枕木上安装,以免固定不牢复轨时压翻。如脱轨车轮斜扭太大,方向不对时,可在线路内侧铺设短轨,将车轮调整向钢轨方向,再用复轨器起复。

(2)在道岔附近脱轨,应先把尖轨连接杆拆掉,以免挤坏道岔。

(3)车辆转向架的中心销子脱出/车体与转向架分离,不能使用复轨器起复。

3. 人字形复轨器复轨过程,如图 3-8-14 所示。

(a)　(b)　(c)　(d)

图 3-8-14

(e)

(f)

(g)

图 3-8-14　人字形复轨器复轨过程

十二、海参形复轨器的安装

海参形复轨器是因其外貌形状而得名(图 3-8-15)。其作用原理基本上与人字形复轨器相同。海参形复轨器由内侧用、外侧用两只合成一组,内侧用的矮小,外侧用的略大,用螺栓固定。

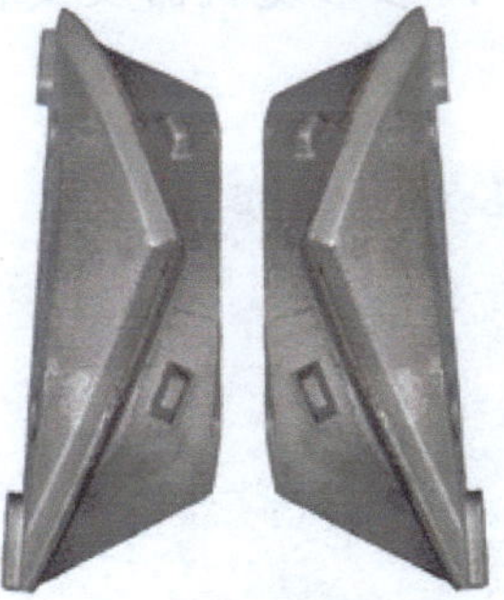
(a)

(b)

图　3-8-15

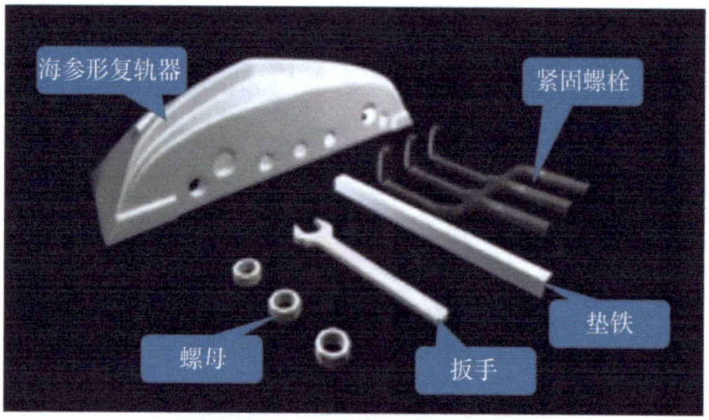

（c）

图 3-8-15　海参形复轨器

安装方法

按车轮脱轨后的位置，对于脱轨在轨道外侧的车轮，使用一只略大的复轨器使其与钢轨外侧面靠拢。在钢轨内侧的车轮安装一只矮小的复轨器，使其与钢轨内侧面留出 35～40 mm 的轮缘槽，先安放垫铁，然后将紧固螺栓从钢轨底部穿过，一端钩在钢轨上，一端从复轨器穿出，紧好螺母即可。在复轨器的高峰下坡面应与轨侧相对滑动面涂上点润滑油，安放后应用石碴从复轨器处垫平至脱轨车轮处，以防起复时轧伤枕木。海参形复轨器及安装方法如图 3-8-16 所示。

（a）安放垫铁

图　3-8-16

（b）安装紧固螺栓

（c）填平石砟

（d）安装好的海参形复轨器

图 3-8-16　海参形复轨器及安装方法

【要点概括】

发生故障不慌乱，停车检查是关键；
应急处置需妥当，不给事故留隐患。

第九节　车辆技术检查

培训目标：通过学习使学员能够掌握机车车辆各部件名称，能发现问题并能说明故障现象进行报告，能处理简单的故障问题。

教授方法：课堂利用图片和多媒体资料学习；现场实际讲解。

教学组织：组织学员5～8人为一组，教师对车辆各部件名称进行介绍，并对各部件正常标准和非正常情况进行讲解。

练习方法：学员围绕一辆货车，从一位端的端墙开始检查，向教师逐个介绍车辆各部件名称和各部件正常和非正常状况；教师对检查过程中的问题进行点评。

所需物品：检查锤、检车灯、红旗、灯、对讲机、《检车员工作记录手册》(车统-15A)、活口扳手。

定检：空车定检不过期(回送检修车除外)。

车门及锁闭装置：车门锁闭装置配件无破损、丢失；门板无脱落、破损或腐蚀穿孔不超限；罐车顶部走板、防护栏无脱落、窜出；卡带、人孔盖及螺栓配件齐全；底开门关闭良好。

车体侧梁、侧墙板：车体倾斜外涨不超限，脚蹬、车梯扶手弯曲不超出车辆限界。

上侧梁：上侧梁无折断；

上端梁：敞车上端梁无折断。

端墙：端板破损腐蚀不超限。

角柱：角柱无裂损。

承载鞍：承载鞍无错位。

枕簧：枕簧无折断、窜出、丢失。

车钩缓冲装置：车钩缓冲装置钩体无裂损，钩舌销无折断、丢失；从板座及冲击座铆钉无折断、丢失。

钩提杆座：钩提杆座无裂损；钩提杆及链齐全、作用良好。

制动装置配件：制动装置配件齐全、无破损。

闸瓦、闸瓦插销吊环：闸瓦、闸瓦插销无折断、丢失，闸瓦插销环无丢失。

交叉支撑装置：交叉支撑装置盖板及交叉杆无变形、弯曲、折断。

折角赛门：折角塞门、制动软管总成无破损。

车轮：车轮轮缘垂直磨耗、内侧缺损不超限；踏面无碾堆，踏面擦伤、剥离、局部凹下、缺损、圆周磨耗不超限；轮缘厚度、轮辋厚度不超限；辐板孔边缘径向无裂纹，周向裂纹不超限；轮辋无破损。

【要点概括】

检查车辆须仔细，部件名称要牢记；
发现问题及时报，简单问题会处理。

第四章　体能训练

调车作业中连结员作业项目中需要使用体能的项目较多，如步行检查线路、上下车、运行中挂靠车帮，拧紧人力制动机，安撤铁鞋、摘结软管，提钩等，必要的体力、耐力和灵敏度是保证完成作业和人身安全的前提条件。所以调车作业前必须保证有充沛的体能，新职连结员需要通过必要的训练，提高自身体能，确保实训作业的调车作业和人员安全。根据调车作业对体能的特殊需求，结合个人身体素质情况可选取下列训练方法，提高上肢力量、下肢力量、动作灵敏性和耐力。

第一节　上肢训练

培训目标：通过训练，使学员增加臂力和手抓力量（图 4-1-1）。

教授方法：训练场地，动作示范，跟踪训练。

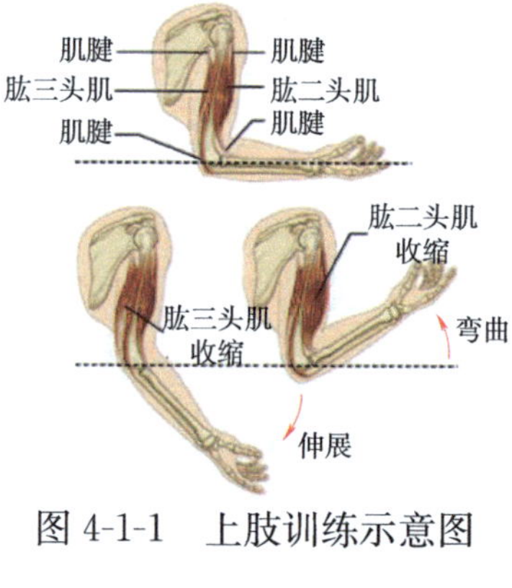

图 4-1-1　上肢训练示意图

一、杠铃弯举

训练动作：杠铃弯举（图 4-1-2）。

图 4-1-2　杠铃弯举

训练强度：每次训练 4 组，每组动作 12 次，每组间歇 40 s。

初始动作：掌心朝前，抓握住杠铃，双手的握距大约与肩同宽。挺胸并竖直站立，双肩后展并使你的脊椎自然弯曲，保持你的肘关节在一个微屈的状态。横杠应该在你的体前横穿过大腿。

动作要领：将你的双肘紧靠在身体的两侧，努力挤压你的肱二头肌来以一个弧度朝自己的肩部上举横杠。在慢慢下降返回到初始位置之前，做一个短暂的顶峰收缩。在动作的底端，下降到离大腿还有几厘米远的位置时停止动作，以此来保持对肱二头肌的压力。

建议：如果你肱二头肌的外侧头比较弱小，那么你就首先做窄距的杠铃弯举，这可以有效刺激肱二头肌的外侧头，从而让你拥有高耸的肱二头肌顶峰；如果使用的重量很大，就不要在动作的底端完全伸展自己的肘关节，这还会给你的目标肌肉一个连续不断的压力。

二、上斜哑铃弯举

训练动作:上斜哑铃弯举(图 4-1-3)。

训练强度:每次训练 4 组,每动作组 15 次,每组间歇 40 s。

图 4-1-3 上斜哑铃弯举

初始动作:双手各握住一只哑铃,并仰卧到一个调成大约 60°角的上斜板上,双臂伸直并竖直悬垂于身体两侧。

动作要领:收缩肱二头肌来上举哑铃,在动作的顶点,稍做暂停。然后,沿原路线返回初始位置。重复预定的次数。

建议:做这一动作时,有时要特意地将哑铃弯举的轨迹向内收一些,这可以更多地刺激肱二头肌的外侧头;有时又可将轨迹向外移动一些,这会更多地刺激肱二头肌的内侧头。

三、锤式弯举

训练动作:锤式弯举(图 4-1-4)。

训练强度:每次训练 4 组,每组动作 12 次,每组间歇 40 s。

图 4-1-4　锤式弯举

初始动作：竖直站立，双手各抓握住一只哑铃，掌心相对。手臂紧贴住身体两侧，并自然悬垂于体侧。

动作要领：收缩肱二头肌来上举哑铃。在动作的顶点稍做暂停。然后，沿原路线返回初始位置。重复预定的次数。

建议：有时做双臂的锤式弯举，有时做单臂的锤式弯举。当做双臂锤式弯举时，可将哑铃朝向自己的锁骨弯举；当做单臂锤式弯举时，可将哑铃朝同侧的肩部弯举。

四、引体向上

训练动作：引体向上（图 4-1-5）。

起始姿势：两手用宽握距正握（掌心向前）单杠，略宽于肩，两脚离地，两臂自然下垂伸直。

动作过程：用背阔肌的收缩力量将身体往上拉起，当下巴超过单杠时稍做停顿，静止 1 s，使背阔肌彻底收缩。然后逐渐放松背阔肌，让身体徐徐下降，直到回复完全下垂，重复再做。可以弯曲膝关节、将两小腿向后交叉，使身体略微后倾，能更好地锻炼背部肌肉。

图 4-1-5　引体向上

呼吸方法：身体上拉时吸气，下垂时呼气。

注意要点：上拉时意念集中在背阔肌，把身体尽可能的拉高，不要让身体摆动。下垂时脚不能触及地面。可在腰上钩挂杠铃片来加重。

动作过程：两手正握杠，将身体悬垂于空中，摆动身体，借摆动身体急停的力，双手向上拉杠，将下巴高于杠面，下杠时双臂缓慢弯曲，身体慢慢还原到启动状态，然后顺势将双膝盖弯曲，再借力完成下一个动作。

练习引体向上时，一般每次 3～5 组，每组 8～12 次，组间休息 1 min 左右。也可以第一组时做到几乎竭尽全力（无论是三个还是四个），然后再做两组，每组尽力而为，能做多少做多少。下次再做时，尝试每组多做一两个。

五、俯卧撑

训练动作：俯卧撑（图 4-1-6）。

图 4-1-6　俯卧撑

要做到俯卧撑的一个完美起始姿势，身体必须保持从肩膀到脚踝成一条直线，双臂应该放在胸部位置，两手相距略宽于肩膀。这样可以确保每个动作都能更有效锻炼二头肌。

做俯卧撑时，应该用 2～3 s 时间来充分下降身体，最终胸部距离地面应该是 2～3 cm 距离左右；然后，要马上用力撑起，回到起始位置。

呼吸方法：一般情况下可以分两种呼吸方式：一种是每次俯卧时吸气（可以用鼻和口），撑时就吐气（只能用鼻）。另外一种是做二次或者三次就做一次吸气和吐气。以自己感觉不到呼吸困难为准。注意每次只能用一种方式。

基本说明：

1. 双手支撑身体，双臂垂直于地面，两腿向身体后方伸展，依靠双手和两个脚的脚尖保持平衡，保持头、脖子、后背、臀部以及双腿在一条直线上。动作重点：全身挺直，平起平落。

2. 两个肘部向身体外侧弯曲，身体降低到基本靠近地面。收紧腹部，保持身体在一条直线上，持续 1 s，然后恢复原状。

练习俯卧撑时，一般每次 3～5 组，每组 15～30 次，组间休息

1 min左右。也可以第一组时做到几乎竭尽全力(无论是三个还是四个)。然后再做两组,每组尽力而为,能做多少做多少。下次再做时,尝试每组多做一两个。

第二节　下肢训练

培训目标:通过训练,使学员增加腿部力量和弹跳能力。

教授方法:训练场地,动作示范,跟踪训练。

一、蹲起

训练动作:蹲起(图4-2-1)。

图4-2-1　蹲起

下蹲:两腿弯曲下蹲,眼睛一直看着天花板,这是为了保证你下蹲过程中躯干始终保持竖直下降,不会出现弯腰撅屁股的错误动作。下蹲时膝关节的方向要与脚尖方向一致,这一点要特别注意,只有这样膝关节才符合运动生理学。今后无论作何种动作都要注意这一点。若膝关节方向与脚尖方向不一致则膝关节将受到损伤。

起立:两眼仍一直看着天花板,脊柱要挺得很直,使躯干保持着竖直往起站,也就是说让两腿伸直,用腿的力量把身体举起来。绝不可用弯腰撅屁股的方法,投机取巧地把腿伸直。这样使身体竖直着站起来,腿部肌肉伸展和收缩的范围最大,锻炼效果最好。

做蹲起运动的时候,如果速度太快、次数太多,或者用爆发力和反弹劲儿,就会伤到膝关节。有的人经常把蹲起和跑步结合在一起做,其实这样最伤膝盖。为了避免这种伤害,在做蹲起时要减少次数、减慢速度,一般 10～15 个一组,2～3 组就够了。跑步一定要和蹲起分开,而且不要长时间跑步,别做变速跑,跑个 20～30 min最好。

二、弹跳训练

第一项:半蹲跳

1. 开始时,半蹲至 1/4 的位置,双手提起。

2. 向上全力跳离地面,着地时,完成一次。

第二项:抬脚尖(提踵)

1. 首先,找个梯级或一本书来垫脚,然后把两脚的脚尖放在上面,脚跟不得着地或垫着。

2. 脚后跟抬到最高点。

3. 慢慢放下至抬脚尖前的位置,完成一次。

第三项:台阶

1. 找张椅子来,把一只脚放上去,大腿与小腿之间呈 90°。

2. 尽全力跳开,在空中换脚,再放在椅子上。

3. 重复第 2 步,将原起跳的脚放回椅子上,完成一次。

第四项:纵跳

1. 双脚放直，与肩同宽，锁紧膝盖。

2. 用小腿跳，只能弯曲脚腂，膝盖尽量不弯曲。

3. 到地时，再迅速起跳，完成一次。

第三节　综合体能

培训目标：通过训练，增强综合体能素质，使学员身体灵敏，动作协调，能够顺利地完成上下车动作。

教授方法：训练场地，动作师范，跟踪训练。

一、耐力训练

1. 长跑：要求为 400 m 跑道，每次 5 圈，平均速度为每圈不得低于 3 min 30 s。

2. 上肢力量训练：俯卧撑 8 个一组，做 5 组；引体向上 6 个一组，做 5 组。

3. 腰腹力量训练：仰卧起坐带转体，15 或 20 次一组，做 3 组。

二、平衡训练

1. 单脚平衡：单脚站立完成前仰后俯动作多次。

2. 动态平衡：选择一离地窄坎，像走平衡木样行走；或单脚跳格子。

三、柔韧训练

1. 压腿，下腰。

2. 拉伸身体两侧肌肉。

平衡和柔韧训练每周不少于 3 次。

重点提示：教师在每次训练前要带领学员进行热身训练，无论大力量还是小力量训练，一次课的时间不要拖得太长，一般 1.5 h 至 2 h 为宜。

第五章　事故案例

调车作业过程中，作业人员落实作业标准是保证作业安全的关键，一时疏忽就会为企业带来损失、为家庭带来灾难。本章引用了全路历年来的部分事故案例，让职工真正意识到“违章就是杀人、违章就是犯罪”这个道理。

第一节　作业事故

培训目标： 使学员认识到，在作业中严格落实作业标准的重要意义。

培训方法： 场景再现、互动教学。

案例分析：

1. 客车体转线接管漏开折角塞门，牵出停车不及时上车挡脱轨

2005年8月18日9时40分，A站一班二调担当K216次客车体转线作业，作业计划客10＋17，5－17(编组K216次)，当机车在客10道挂妥试拉后，调车长连结机次制动软管，并将机车折角塞门打开，但忘记了打开机次空调发电车(KD_{25G}99851)的折角塞门。9时44分，制动连结员显示“牵出好了”信号后，调车长指挥机车起动，客车体尾部越过客14号道岔后，制动连结员、调车长分别显示了“停车”信号，但因机次发电车折角塞门关闭，停车不及时，机车于9时48分上车挡，造成机车脱线一般事故。

原因分析：

(1)调车长未认真确认通风状态是否良好，未检查确认折角塞门开闭状态,盲目动车。

(2)连结员在安装简易制动阀时,只确认了连结状态和风压,没有进行制动试验。

2. 没有回示信号臆测推进作业,造成脱轨事故

2008 年 3 月 2 日 41184 次货物列车,在 A 站调车作业,17 时 52 分开始作业,调车长在机车前端以手信号灯指挥调车,连结员在车列前端领车。由于两人作业,车列较长,二人联系方式采用手持无线电台占用行车频道联系,调车推进作业过程中,当接近停留车约 10 辆时,调车长连续两次呼叫连结员没有得到回答,推进作业继续以 7 km/h 速度运行。18 时 00 分 39 秒推进车列前端车辆越过车挡又走行 12.5 m 后,将专用线院墙推倒约 4 m 后停车。导致专 1 道停留的 4 辆车中末端车辆 P64GK3467990 Ⅱ位端越过车挡与院墙相撞,Ⅰ位端转向架上车挡。

原因分析:

连结员挂车时没有做好预想,推进车辆连挂运行时,用电台呼叫"十车、五车"距离信号没有得到调车员回答时,没有立即使用紧急制动阀采取停车措施。

3. 灯显设备电池馈电推进中断通信,造成调车冲突事故

2017 年 4 月 22 日 21 时 43 分,52002 次到 A 站 5 道停车进行调车作业。23 时 50 分,当作业至第 10 钩向货 2 道推送 16 辆时,前端领车连结员灯显设备电池报警,23 时 51 分,连结员呼"推进",调车长回复并显示"推进"信号,23 时 53 分连结员呼叫"十车",调车长未应答,再次呼叫"十车",调车长仍未应答,后连续呼叫两次"别推了",调车长仍未应答,23 时 54 分前端连结员跳车,车列撞上车挡,构成一般 D1 类调车冲突事故。

原因分析:

(1)前端领车连结员当灯显对讲机出现故障报警时,继续使用。当灯显设备电池无电自动关机后，未采取手信号灯显示红灯等应急措施，后续无任何处置措施。

(2)调车长在明知货 2 线容车数的情况下，已进入股道里的车数明显异常而未收到前端连结员的“十车”距离信号时，未及时采取措施。

4. 分路不良错排路、不确认信号动车，造成脱轨事故

2009 年 5 月 24 日，A 站三调计划 3+3(客车体)、5—3。7 时 33 分，三调挂 3 辆牵出越过折返信号机 D38 停车后，学习内勤助理值班员通过微机显示屏光带显示确认三调尾部车辆已经越过 D40 信号机。由于 102DG 区段轨道电路分路不良，实际三调车列只越过 D38，未越过 D40 信号机，第二位车辆停在 D38 与 D40 信号机间的 102 道岔上，道岔位置定位，尖轨在两台车中间。D38 与 D40 信号机去 5 道均可形成进路，但径路不同，经 D40 信号机折返的径路需改变对向道岔 102 号道岔位置。助理值班员在未与调车组人员确认车列具体停车地点的情况下，臆测调车车列已越过 D40 信号机，便排列了 D40 至 5 道的调车进路(102 号道岔转换至反位)，并向调车组通报“三调经 D40 去 5 道调车进路好了”。领车连结员在未确认 D38 信号机显示状态的情况下，通知调车长“推进”，调车长盲目指挥调车机车推进，7 时 35 分第二位车辆前台车原路返回，后台车进入 102 道岔反位全轮脱线。

原因分析：

是领车连结员在 D38 信号机关闭的情况下，未确认信号显示状态，盲目通知调车长推进。

5. 未按规定检查线路，轧脱轨器脱轨

2016 年 1 月 16 日 8 时 44 分，A 站甲班 7 调执行第 702 号调车作业计划，作业至第 10 钩向航空 2 道推送 11 辆时，推进车列以 7 km/h 的速度轧上脱轨器，造成前端第 1、2 位车辆脱线，构成铁路交通一般 D2 类调车脱轨事故。

原因分析：

负责检查进路的连结员没有认真检查脱轨器状态，仅确认了 2 道线路上未插脱轨器红牌，便臆测 2 线脱轨器已撤除，盲目向领车连结员联控“航空 2 道进路好，脱轨器撤除，大门开启，空线”。领车连结员在第 1 位油罐车后部通过台处领车，在瞭望条件不好的情况下，盲目认为检查进路连结员已检查过脱轨器状态，在领车过程中没有认真执行领车瞭望制度。

6. 检查线路不认真，道口槽异物造成脱轨事故

2005 年 1 月 22 日 14 时 20 分，A 站一班 3 调计划 18 道＋15，粮库线－3、电厂线－6、房产线－2、食品东线－4。16 时左右，作业进行到第 4 钩送食品东线 4 辆，当时调车长在机车上领车，连结员在车列前部第一辆运行左侧车梯上领车（车梯在车辆运行后端）。车列压上道口铺面 3 m 左右停车，连结员下车确认食品道岔向东线开通，专用线大门已完全打开后，向调车长显示起动信号。车列起动，连结员与车列并行。车列推进 5 m 左右，连结员突然听到车辆走行中有异响，立即显示停车信号，并使用无线电台呼叫停车。车列停下后，前部第一辆 2 位台车第一根轴脱线。

原因分析：

连结员在专用线取送车作业中，没有彻底检查道口铺面状态，致使车辆由于异物导致脱线。

7. 检查线路不认真，整体道床槽内条石造成脱轨事故

2009 年 5 月 12 日 0 时 58 分，549002 次到达 A 站 14 道后担当货场取送调车作业。1 时 00 分第 A001 号计划开始作业，计划内容为：11 道单机西、货 2＋16、14－16、13＋15、货 2－3、钢 1－4、货 2－8、货 1＋7、货 2－3……计划共计 16 钩。2 时 25 分，当进行到第 8 钩货 1＋7 辆牵出走行中，机次后部第 4 辆车（车号

C70 1586427)运行方向后台车和第 5 辆车(车号 C62BK4626962)全轮脱轨。

原因分析:

(1)连结员在连挂作业前没有对车下是否有障碍物及线路进行检查,致使整体道床槽内障碍物(条石)未发现,造成车轮挤压条石后脱轨。

(2)调车长传达布置作业计划时,未对检查车辆、线路的重点事项进行布置。

8. 不检查道岔密贴状态,盲目推进造成脱轨事故

2005 年 3 月 23 日,客车 6848 次 19 时 15 分到达 A 站 2 道停车(终点),A 站利用客车 6848 次本务机车担当调车作业,19 时 21 分开始作业,调车作业计划:2+5、4－5、6+1、5+3、水泥厂 1－3、佳运线－1,作业至推进 4 辆去水泥厂专用线,当行至 19 号道岔前,连结员未按规定道岔前一度停车检查道岔位置,调车长也未按规定道岔前停车检查,盲目领车推进,致使推进车辆,在 19 号道岔四股状态下脱轨。

原因分析:

(1)作业前计划分工不明确、准备工作不充分。

(2)领车连结员在水泥厂专用线推进车辆时,未按规定在 19 号道岔前停车检查确认,未严格执行要道还道制度,主观认为水泥厂专用线 19 号道岔定位对水泥厂专用 1 线,未认真检查。

9. 检查线路、推进瞭望不认真,碰轧活动脱轨器,造成脱轨事故

2005 年 10 月 8 日 21 时 40 分,A 站运转一班 2 调担当转场和客车底取送作业。作业计划:四场 1+9,推送转场到货 3－5,一场 8－4,一场 4+5,解体 6862 客车底,推送去车辆段 2－5。作业分工:连结员领车并负责排风阀的使用,制动员负责检查线路,制动长负责扳道。22时25分当作业到车辆段2—5辆客车时，负责检查线路的制动员没有按规定对线路进行彻底检查，只检查了大门内30 m左右就盲目向调车长报告"检查好了，推进"，领车连结员没有认真瞭望前方线路，盲目领车推进。当推进运行至警冲标内117.3 m时，碰轧活动脱轨器(该车列全长为122.5 m)，负责领车连结员听到车下有异音，呼叫停车。此时客车底前部第一辆1位台车(客车YZ_{22}330718)脱轨，构成一起调车脱轨事故。

原因分析：

(1)制动员检查线路不彻底，臆测行事，盲目通知调车长推进运行，是事故发生的主要原因。

(2)连结员领车推进时未认真瞭望确认前方线路有无障碍物，盲目领车推进，是事故发生的重要原因。

(3)调车长未掌握作业中的重要环节，传达作业计划时重点事项不具体，人员分工不明确，是事故发生的次要原因。

10. 检查线路不认真，拉鞋脱轨事故

2005年6月24日19时20分，A站四班1调到专用线货场作业，调车作业计划为：1道单机，货5＋4，2—4，货4＋8，2—2，货4—6，石山线＋1，林专线2＋3，3—4，货1—1，1转头，2道＋8回站。车站参加调车作业人员5人，连结员负责站内专用线扳道；制动长负责货4～6手闸制动；3号制动员负责货5道检查车辆、线路，2—4手闸制动；4号制动员负责货4道检查车辆、线路，2—2手闸制动。当机车在货4道＋8牵出走行130 m时，在22号道岔辙岔处，因拉鞋造成机次第6辆(C_{62B}4657135)2位台车脱轨(调车速度15 km/h，规定速度20 km/h)，脱轨走行70 m，构成调车脱轨一般事故。

原因分析：

(1)4号制动员未按规定检查货4线停留车辆的防溜措施情况。

(2)6 月 24 日白班运转三班 2 调专用线货物 2 线取空敞车 1 辆，送入货物 4 线，原货物 4 线停留 2 辆敞车靠南端铁鞋止轮，连挂后，因后送入的敞车手闸作用不良，继续使用铁鞋止轮，后石山线取回的 5 辆油罐车继续送入货 4 线，进线距警冲标大约 14 m 左右停车，两端手闸止轮，作业完毕后，制动员通知专用线值班员两组车止轮方式，而调车长在防溜交接簿内并未分批注明止轮方式，接班调车作业人员在防溜交接簿上直接查找不到中间的止轮方式，为这起事故埋下了隐患。

11. 检查线路不认真，侵限毛石造成脱轨事故

2005 年 7 月 18 日 5 时 10 分，A 站运转四班二调 5 号调车作业计划，解体 7 道 45052 次，计划内容为：16 道单机，7＋18，货 1－7，货 2－8 辆，站台－3 辆，回 16 道等计划。5 时 30 分，连结员检查 7 道现车后到货 1 检查线路，2 号制动员负责前部领车，3 号制动员负责中转。5 时 45 分，当推进车辆进入货 1 线 245 m 处第一次停车时未对上货位，第二次对货位推进走行 2 m 后，车列前部第二辆车被线路旁一不规则毛石刮上，导致一位台车第一轮对脱轨。

原因分析：

(1)连结员检查线路不认真，虽发现线路旁有障碍物（石头），但误认为不侵限。

(2)2 号制动员领车瞭望不认真，未发现前方障碍物。

12. 检查线路车辆不认真，轮缘上轨面未发现，造成脱轨事故

2008 年 1 月 26 日 5 时 56 分，A 站调车机车（DF5 型 1811 号）在专 1 线挂 7 辆牵出时，机后第一辆二位台车 3、4 轴车轮脱轨，构成了调车脱轨一般 D 类事故。

原因分析：

(1)集装箱正面装卸车司机在卸空箱的操作过程中，提箱平移时，将车辆二位台车 5、7 轮拖上轨面。

(2)调车组作业人员在车辆牵出前检查线路不细，没有及时发现轮对上轨面的问题。

13. 不检查线路，停车不及冲撞车辆造成脱轨事故

2005 年 3 月 20 日 20 时 41 分，45112 次货物列车到达 A 站，现车 12 辆，计划挂重车 9 辆。调车作业计划是：1＋12，4＋8，草专线＋1，回站内 1 线开车。作业到第三钩草专线加 1 辆时，领车连结员在前部领车，车辆运行至草专线大门前显示停车信号，调车长依次显示停车信号，车辆运行速度由约 10 km 降到 3、4 km 左右。调车长、连结员未执行专用线大门前一度停车的规定，在车未停妥的情况下又显示连结信号。车辆加速进入草专线。此时调车长没有正确掌握速度，在连结员显示十车信号时机不当情况下，旧依次显示信号。连结员感到车速越来越快紧接着显示 5 车信号，没有得到回示，未能采取有效措施使车列停车。造成前部车辆撞上被挂车辆，撞碎挡车器，推平车挡，造成前部 2 辆车全部脱线，最前部车辆距钢轨尽头 27 m。

原因分析：

(1)调车长作业心中无数，应在草专线大门前一度停车而未停的情况下，采取措施不到位。

(2)连结员在作业中未执行专用线大门前一度停车的规定，在显示停车信号后又盲目显示了连结信号。在继续连挂车辆时，信号显示不明确，五车时没有司机回示应采取有效措施使车列停车。

14. 不检查线路、间断瞭望，轧上脱轨器造成脱轨事故

2006 年 8 月 16 日，A 站四班七调担当客车 1457 次车底取送作业，作业计划第 01 号，共计 20 钩：客技 6＋7，经外绕线西，客场 4－7，客场 1＋15(1457 次车体)，推进经外绕线东，客技 3－3，带 12 辆客技 5＋8　客技 3－1，客技 5－8，客技 3－11……，10 时 15 分，作业至调车机车带 12 辆向客技 5 道推进准备连挂 8 辆时，在距客技 5 道脱轨器 30m 左右，领车制动员发现线路上有脱轨器，立即用电台呼叫停车，调车长听到后立即按下紧急停车按钮，停车不及，推进车列第一辆(车号 YW669579)轧上脱轨器，造成第一台车第二轴脱轨，11 时 10 分复救完毕。

原因分析：

(1)领车制动员领车推进运行时，没有认真确认前方线路情况，间断瞭望，直到推进车辆距脱轨器 30 m 才发现脱轨器未撤除的问题；当发现脱轨器未撤除时，采取措施不当，没有直接按下紧急停车按钮，而是呼叫调车长停车，由调车长按紧急停车按钮，又延缓了处理问题的时机。

(2)调车长作业前分工不明确，只是派人挂车，未指派专人检查线路，特别是在指挥机车向客技 5 道推进前，没有得到检查人员"信号好了"的回示，没有得到线路检查"好了"报告的情况下，盲目指挥机车向客技 5 道推进。

15. 未按要求检查线路、道岔，造成脱轨事故

2011 年 9 月 11 日 7 时 30 分，A 站推送 7 辆空敞车去专用线 2 道配装。7 时 40 分，车列以 10 km/h 的速度推进运行至专用线走行线专 6 号道岔前，由于调车长、连结员没有一度停车、确认线路及道岔状态，在专 6 号道岔尖轨和基本轨没有完全密贴的情况下，机前第 7 辆、第 6 辆车辆走四股、脱轨，经过救援于当日 13 时 00 分开通线路，构成一般 D2 类铁路交通事故。

原因分析：

调车长、连结员在调车推进作业过程中没有执行一度停车规定、没有确认线路及道岔状态，是事故发生的主要原因。

16. 不检查关门车违编开车，途中站倒调造成耽误列车事故

2016 年 3 月 3 日，因 10883 次列车超长，A 站按照列车调度员安排进行减轴作业，由于连结员摘车后未发现列车最后一辆为

"关门车",列车于10时13分A站开车。11时41分列车运行至B站经车辆部门检查发现后甩车处理,构成铁路交通一般D10类作业人员违反劳动纪律、作业纪律耽误列车事故。

原因分析:

A站连结员在10883次尾部甩车作业前,检查10883次列车尾部车辆的技术状态标准执行不到位,没有检查确认甩车后尾部最后一位车的截断塞门状态,仅仅是简单的拉了一下车辆的排风杆,发现副风缸有排风现象,便臆测尾部最后一辆车不是关门车,盲目汇报"关门车符合规定"。

17. 检查车辆未发现关门车违编开车,途中站甩车造成耽误列车事故

2017年1月9日8时26分,42402次到达A站4道,将机后5辆车甩下后,9时39分出发。16时57分42502次到B站,发现机后第2位车辆(P703803844)为关门车,在B站甩车处理,构成铁路交通一般D10类作业人员违反劳动纪律、作业纪律耽误列车事故。

原因分析:

A站4道一侧为高站台,该关门车辆的副风缸、制动缸等均在站台另一侧,连结员在检查关门车过程中没有认真确认该车辆截断塞门开闭状态,盲目汇报没有关门车。

18. 调动偏重车辆造成脱轨事故

2009年4月10日16时15分,A站利用45225次列车本务机车担当调车作业,计划8钩。17时作业至第7钩机车带2辆进8道挂3辆空车时,货运员要求调车长将8道北头停留的2辆重车(压22号道岔,曲线上股侧已卸货1/4)往南拉一拉对货位(此时8道停留车二组5辆,由南向北依次为一组2辆空车,一组3辆1空2重),17时12分连挂妥当,17时15分前牵走行9.4 m时,由于机次第6位车辆(C701561542,品名铝矾土)偏重,造成该车前台车行至22号道岔附带曲线中部脱轨，22时05分复救完毕，构成一起调车脱轨事故。

原因分析：

这起事故是由于调动装卸未完车辆时，货运员没有确认货物装载状态，在车辆偏重的情况下，盲目牵出所致。

19. 推进不确认信号，冒进信号冲撞脱轨事故

2012年1月23日，45261次12时24分到达A站11道停车后，担当调车作业。12时40分，由北牵1推1辆经21道去南牵运行时，由于连结员不瞭望信号，盲目发出推进信号，导致推进车列冒进关闭的D53信号机，侵入7道到发线，于12时43分与正在7道侧线进站的83651次机车侧面相撞，造成推进车辆P64K3407407运行方向前转向架全轮脱轨，车辆报废。83651次机车中破、机车乘务员重伤，送医院抢救无效死亡，连结员跳车后右脚跟骨裂痕（轻伤）。经过救援，于14时20分开通，构成一般B1类事故。

原因分析：

连结员领车不确认信号，冒进关闭的D53信号机。

20. 错排进路、不确认信号造成挤道岔事故

2017年4月5日A站执行第105批调车计划第一钩Ⅱ道单机进交2线时，挤坏15号、13号道岔，停在13号道岔处，构成一般D3类事故。

原因分析：

车站值班员错误排列为3道至交2线调车进路，同时调车长未确认信号，盲目发出“连结”指令，机车挤过15号道岔后被值班员喊停，之后调车长又盲目指挥机车前行，挤坏13号道岔。

21. 车列推进不确认信号造成挤道岔事故

2017年5月28日9时09分，A站4调在执行1号计划第二钩33－49作业时（作业计划：31＋49、33－49、25＋24、16－4、25－

20、32 试拉），挤坏 326 号道岔。10 时 50 分工务、电务处理完毕。影响货车 1 列。

原因分析：

A 站制动员在调车作业第二钩向 33 道推进前，没确认 D316 号信号机的显示状态，在信号未开放的情况下，盲目向调车长报告信号好，导致调车推进车列越过关闭的 D316 信号，并挤坏 A 站西 326 号道岔，构成一般 D3 类事故。

22. 错扳道、不确认，造成挤道岔事故

2016 年 11 月 5 日 18 点 57 分，A 站 1 调执行第 A102 号调车作业计划，当作业至 13 钩，在专用线牵出后折返向专用线 2 道推进时，司机动车发现有异状后停车。经现场检查发现推进车列机次第 1 位车辆（C4826137）二位端在 K1 号道岔处进入四股状态，构成铁路交通一般 D3 类调车挤道岔事故。

原因分析：

调车作业至第 12 钩，连结员准备、检查确认进路不认真，没有发现 K1 号道岔开通位置错误，盲目牵出，造成调车车列牵出时挤坏 K1 号道岔。挤坏 K1 号道岔后，调车长未现场确认 K1 道岔表示器开通状态，没有发现 K1 号道岔已经被挤坏，造成作业至第 13 钩向专用线推进时，机次第 1 位车辆（C4826137）2 位端在 K1 号道岔处进入四股状态。

23. 无人领车冲撞车挡造成脱轨事故

2006 年 1 月 18 日 0 时 17 分，JN1 次到达 A 站 4 道，全列 46 辆。计划由三调整列送东货场。调车作业计划为：4 道挂 46 辆全部，经 22 道推送东货场，东货场 4 道摘 23 辆，东货场 3 道摘 23 辆。1 时00 分开始作业。人员分布为连结员在前部第一辆领车，制动员在车组中部，调车长在机车后走台板。1 时 29 分，当作业至东货场 4 道摘 23 辆时，因连结员提前下车，在道口处边推进边查车数，用无线调车灯显设备喊十、五、三车距离信号。由于数错车，多推进 3 辆距离，造成车组推出车挡，制动软管破损后排风停车，导致第一辆 X6A5202694 全轮脱轨、第二辆 NX17A5271399 脱轨一根轴。7 时复旧完毕。

原因分析：

(1)连结员提前下车，未领车到底，造成“推黑车”，致使车组上车挡脱轨；

(2)制动员作业中未均等排列，而是在机次 10 辆左右位置；

(3)调车长作业分工不明确，对连结员和制动员的违章行为不制止，作业心中无数。

24. 专用线调车推黑车冲撞脱轨事故

2008 年 5 月 18 日，41103 次列车到达 A 站 5 道停车，4 时 05 分开始调车作业，车站两名调车人员参加作业，调车作业计划第 3 钩为南粮＋5，第 4 钩为油脂－5。4 时 30 分，当第 4 钩油脂－5 辆时，由于连结员在南粮专用线处停留，未领车去油脂专用线，调车员扳动 1 号道岔后在地面指挥作业，且车站监控干部未在现场，造成推进车列前后均无调车人员的情况下，以 5 km/h 的速度与油脂专用线原停留 7 辆车连挂后未停车，导致原停留车最西端一辆(G170233930)上车挡脱轨，并将围墙撞倒后停车。

原因分析：

调车长对调车作业组织分工不明确，作业程序不清楚。调车长在布置计划时，没有布置连结员油脂线甩 5 辆与原停留车连挂。作业中，在粮专挂 5 辆牵出后临时决定将 5 辆车与原停留车连挂通知连结员，在没有得到连结员明确答复的情况下，就误认为连结员已去油脂线停留车处等待连挂，致使在没有得到连结员油脂线检查的报告、没有和连结员联系、前端无人领车的情况下，站在道岔处盲目指挥作业车列推进。

25. 瞭望不彻底、应急处置不当，轧上脱轨器造成脱轨事故

2016年12月31日9时31分，A站乙班3调执行第301号调车作业计划，作业至第7钩推进12辆向货2道运行过程中，调车列停车不及时轧上脱轨器，车列前端第1位车辆（XL25T206596）前台车第一位车轮轧脱轨器脱轨，构成铁路交通一般D2类调车脱轨事故。

原因分析：

(1)因推进车列前端第1位车辆前端无适合调车人员扒乘位置，领车连结员在第1辆车后门处扶手把杆作业，在曲线区段瞭望视线受限，无法提前确认脱轨器状态。

(2)连结员发现脱轨器在使用状态后，仅语音提示调车长"减速"，没有立即呼叫调车长停车，也没有使用平调设备的"紧急停车"功能迫使调车列紧急停车。

(3)调车长在未得到1号连结员检查线路良好和脱轨器位置的汇报情况下，为尽快越过繁忙平交道口，指挥调车列向货2推进，在领车连结员语音提示后，未及时发出"停车"信令。

26. 间断瞭望造成冒进信号挤道岔事故

2017年1月29日9时05分，A站利用云天化专用线机车执行第001号调车作业计划，当作业至第3钩经5道推6辆送货6道的过程中，推送车列越过5道关闭的S5、D7信号机挤坏7、9、21号道岔，构成铁路交通一般D3类挤道岔事故。

原因分析：

连结员在5道推送过程中中断瞭望，未执行调车联控、未确认前方进路和调车信号机的显示。调车长在未听到连结员向车站值班员要道的情况下，不提醒、不制止，也未采取停车措施。

27. 一人作业、间断瞭望，造成挤道岔脱轨事故

2017年2月3日20时49分，A站2调执行完毕第22010号调车作业计划最后一钩后，调车机车推送 5 辆平车(隔离车)从 1 道南头转至 2 道准备执行下一批调车作业计划时，调车车列自南向北推进越过 2 道关闭的 S2 信号机，挤坏 29 号道岔，挤过道岔后继续运行过程中机前第一辆第 4、3、2、1 位轮对先后发生脱轨，构成铁路交通一般 D2 类调车脱轨事故。

原因分析：

(1)2 调调车长作业分工不当，安排头钩连结员留在待渡场检查线路、车辆准备下一批调车作业，导致调车机车带有 5 辆隔离平车作业时仅有调车长 1 人作业。

(2)在车列推进运行中调车长精神不集中，中断瞭望，没有及时指挥调车车列在关闭的 S2 信号机前停车要道，导致车列越过关闭的 S2 信号机，挤坏 29 号道岔，挤过道岔后继续运行过程中机前第一辆发生脱轨。

28. 间断瞭望、臆测作业，造成挤道岔事故

2016 年 5 月 20 日 8 时 01 分，A 站驼峰 2 调执行第 209 号调车作业计划，解体 X26057 次，作业至第 12 钩 24—6 辆时，驼峰信号楼作业员自动执行经迂回线进入 24 道进路，调车组人员间断瞭望，在 D440 号信号机未开放的情况下，推进车列挤坏 462 号道岔，构成铁路交通一般 D3 类挤道岔事故。

原因分析：

(1)调车长不按规定执行调车联控用语，在未得到 24 道信号好的联控时，就盲目推进作业。

(2)调车长仅确认 D402 号信号开放，就臆测后续 D440 信号开放，推进作业过程中间断瞭望，造成车列挤坏道岔。

29. 未按规定提前检查确认进路，造成脱轨事故

2016 年 1 月 19 日 6 时 30 分，A 站执行第 02 号调车作业计划。7 时 30 分作业至第 4 钩在专用线牵引 55 辆去专 6 道，距 213

号道岔一车距离时，连结员发现213号道岔开通专5道方向，立即提示司机停车，调车长同时按压了停车按钮，停车后机次第一位车辆(C62BT4668553)前台车第1位轮对进入四股脱轨，构成铁路交通一般D2类调车脱轨事故。

原因分析：

专用线使用大型机械从213号道岔处穿越股道将道岔连接杆轧弯，导致道岔尖轨不密贴。A站调车组人员未按规定提前检查确认调车进路，盲目指挥机车司机调车作业造成车辆脱轨。

30. 违反扳道作业标准、不确认进路，造成先挤后脱事故

2017年1月11日6时20分，A站利用2调执行A008号调车作业计划(南场5＋19北出、货3－2、7－17、9＋0、东走行线＋0、货3＋2、货1－2、东走行线＋0、9＋0等计划)，作业至第2钩货3－2空线，调车长负责准备D214至货3调车进路，在未确认道岔264号开通位置的情况下(扳动前反位，在所需位置)，盲目扳动264号道岔至定位，扳动后未认真确认道岔开通位置，便与信号楼联控，信号楼接到调车长通报后，信号楼开放D214去货3调车信号。6时30分，推进车列由停车地点向货3推进中，负责前部领车连结员也未确认进路上264号道岔开通位置，推进车列挤过264号道岔(推进车列压264号道岔)，货3－2后牵出时车列机次12位全轮脱轨、13位前台车脱轨，造成先挤后脱调车作业事故。

原因分析：

(1)调车长在准备进路时，未严格执行“一看、二扳、三确认、四显示(呼唤)”制度，在没有确认道岔位置的情况下盲目将反位道岔扳至定位(所需位置为反位)。

(2)领车连结员在推进过程中未确认进路的正确，挤道岔后又未发现。

31. 不确认连挂妥当,造成列车分离事故

2016 年 11 月 2 日 7 时 11 分,40073 次到 A 站 5 道,原计划将机后第 5～14 位 10 辆车、尾部 5 辆车甩下,换编直通车流开 X38009 次。9 时 10 分,调车作业过程中,车站调度员与调度所计划调度员联系,得知机后第 5～14 位 10 辆不甩后,变更调车作业计划。11 时 22 分,X38009 次列车起动时,机后第 14 位与 15 位车辆车钩分离,列车紧急制动停车,构成铁路交通一般 D8 类货物列车分离事故。

原因分析:

A 站 2 号连结员在执行原调车作业计划时,提前摘开了第 14、15 位车辆之间的制动软管,拔出了车钩防跳插销,并将第 15 位车辆的钩提杆提起,在得到变更计划的通知后,只连接好了制动软管,未确认车辆连挂妥当,也未将车钩防跳插销恢复。

32. 未及时显示信号造成脱轨事故

2005 年 4 月 4 日 2 时 58 分,44102 次进 A 站 5 道,现车 2 辆。作业计划:5+2,9+2,10+3,6+25 连结开车。3 时 15 分开始作业,当作业到第 3 钩 10 道挂 3 辆,准备回 6 道时,因 733011 次 3 时 47 分通过,后续 2549 次准备进 3 道(实际 3 时 57 分到,4 时 03 分开),西头出不去,变更计划。机车顶 7 辆经 3 道推进东牵出线,利用 5 道回 6 道开车。当向东牵推进过程中,调车长在司机室与司机闲谈,负责前端领车的连结员在距车挡约 10 辆时,呼喊司机减速,但未减速,发现车挡后,为时已晚,造成前端车辆推上车挡,前台车脱轨(车号 C64T4823369)。事故 3 时 51 分发生,7 时 30 分复救完毕。

原因分析:

(1)调车长违反了调车长不准在机车内指挥作业的规定,而调车长在机车上指挥作业,且与司机闲谈,不知道调动车列在推进运行中所处的位置,在调车机车越过 D8 后未能及时显示停车信号,并未采取停车措施，导致前端车辆冲出车挡脱轨。

(2)连结员在7辆车前端领车，凭所处的位置应当感觉到调车机车已越过D8信号机，本应及时停车，但未能及时采取停车措施，未按下无线灯显调车电台的紧急停车键，只是呼喊司机停车，严重违反了无线灯显设备使用的有关规定。

33. 无回示信号不停车，造成脱轨事故

2006年1月8日4时53分，43113次到达A站进入5道。作业计划：5＋5，7＋4，回本列开车。7道原停留车5辆，分2组停留，北头3辆重棚车，南头2辆棚车(1重1空)，两车组间距离大约50 m左右。5时06分左右，当作业到7道挂4辆时，连结员在领车进入7道后，在推进车列距停留车10辆左右时，显示"十车"距离手信号，调车长依次显示"十车"距离手信号后，在未得到司机回示的情况下，未立即显示停车信号，连结员发现运行速度太快，立即跳下车并显示红灯停车信号，调车长看见连结员跳下车并显示红灯信号，也立即跳下车并显示红灯停车信号，但为时已晚，将未撤除防溜措施第一组3辆、第二组2辆连续撞走，造成南端第一辆空棚车(车号P623122851)轧上脱轨器一位台车脱轨。构成调车脱轨一般事故。

原因分析：

(1)调车长在去7道挂车，接近车辆连挂时，显示"十车"信号后，没有听到司机回示，没有立即显示停车信号，在车辆继续运行时，显示停车信号时机不当，将原停留车撞走。

(2)连结员推进车辆进7道挂车，显示"十车"距离信号，调车长依次向司机显示"十车"距离信号，连结员也未听到司机回示，未立即采取应急措施。

(3)在调车推进作业中，连结员站在车列前部第一辆上，调车长站在车列前部第二辆上，未均等排列，位置不当，致使司机确认信号困难。

34. 错误显示十、五、三车距离信号造成脱轨事故

2016 年 3 月 28 日 4 时 22 分，40215 次到达 A 站 4 道停车，计划机后甩 26 辆，调车计划：4＋49，10－23，4－26，Ⅱ道转线，10＋23，Ⅱ道开 40215。4 时 58 分作业至第 2 钩向 10 道推送 49 辆时，推送车列前端第一位车辆（C644901008）前台车冲出 10 道尽头车挡后脱轨，并撞断接触网锚柱，构成铁路交通一般 C14 类接触网倒杆事故。

原因分析：

（1）调车信令显示不准确。连结员口呼“十车”时距车挡 81m，调车长显示“十车”信令时距车挡 70 m。

（2）应急处置不当。连结员呼叫“十车”后，发现调车速度未下降时按仍正常作业程序呼叫“减速”“停车”，未果断显示“紧急停车”信号。

35. 应急处置不当造成冲突事故

2016 年 2 月 27 日 1 时 15 分，A 站利用本务机车调车作业，作业至第 7 钩推进 47 辆去创业专用线 3 道挂 20 辆，距创业专用线 3 道停留车约 90 m 时，领车连结员呼叫“十车”，调车长未发出信令，3 s 后连结员呼叫“慢点、慢点”，又过了 5 s 后连结员见推进速度未减，发出“紧急停车”信令后从车上跳下。推进车辆与停留车辆发生冲突，将被连挂车组冲出车挡，造成停留车里端第 1～4 位车辆脱轨，构成铁路交通一般 D1 类调车冲突事故。

原因分析：

（1）连结员在呼叫“十车”距离时，没有得到调车长显示“十车”信令、司机鸣笛回示减速的情况下，未立即使用紧急停车信令，致使车列继续超速运行，导致与前方停留车组冲突。

（2）调车长违反“调车组人员严禁进入调车机车司机室内”的

规定，在司机室内监听作业，对调车走行距离和速度不掌握，未能及时控制机车推进速度。

（3）调车长在调车作业前没有指定显示停留车位置人员，导致领车连结员确认停留车位置困难。

36. 未及时显示信号造成脱轨事故

2016 年 3 月 24 日 3 时 40 分，X42072 次到达 A 站 4 道开始调车作业。4 时 21 分，作业至第 4 钩向 8 道推送 14 辆，与 8 道 2 辆停留车连挂后，向前推进对货位过程中，调车列先后撞上挡车器和车挡。领车连结员发现后，盲目指挥机车后退，造成车列前端第一位车辆（C70E1698143）前台车第 2 位轴脱轨，构成铁路交通一般 D2 类调车脱轨事故。

原因分析：

前端领车人员徒步领车向前推进对货位过程中，感觉速度偏高（LKJ 记录为最高 7 km/h），通过电台语音通知调车长“减速”“停车”时机过晚，调车长采取控速措施不及时，造成调车列先后撞挡车器和车挡。领车连结员发现调车列前端车辆碰撞挡车器和车挡后，既没有确认车辆状态，也没有通知调车长及盯控干部，盲目指挥机车后退，造成车辆脱轨。

37. 观距错误、显示信号不及时，造成脱轨事故

2016 年 5 月 28 日 5 时 30 分，A 站运转一班调车组执行第 1009 号调车作业计划（21 钩：14＋3、西货 3－2、……6＋31、西货3－22、8－9、西货＋3、货 3－7）。作业至第 18 钩，在车列（带车 35 辆）推进至西货大门时，其中一名连结员（学员师傅）下车准备次钩 8－9 的作业，调车长在机车上，另一连结员在推进车列中部，前端为学习连结员负责领车。车列向西货 3 尽头端推进过程中，学习连结员呼叫了“五车”，因未听清，在调车长询问“是否五车”时，又听到学习连结员呼叫“停车”，停车后发现，推进车列在连续冲撞挡车器、车挡后脱轨。构成铁路交通一般 D2 类调车脱轨事故。

原因分析：

(1)人员分工不合理，学员单岗，且承担推进前端的领车。

(2)学习连结员业务技能差，动观距不准。

(3)应急处置不当。学习连结员在发现距离不够时没有采取立即停车措施；调车长也严重缺乏防范意识，对西货 3 线情况掌握差，没有根据实际综合判断并采取果断停车措施。

38. 不及时显示信号造成脱轨事故

2016 年 10 月 20 日 5 时 12 分，A 站 2 调执行第 B10 号调车作业计划，作业至最后 1 钩溜放 41 辆车组时，调车机车与溜放车组分开后，当车组尾部运行至 2003 号复式交分道岔处，调车机车与车列尾部发生碰撞，导致机前 1 位车辆(C70E1672770，空车)两个台车脱轨、2 位车辆(C70E1672775，空车)后台车脱轨，车辆脱轨过程中将运行方向左侧驼峰复示信号机机柱和接触网支柱撞断，构成铁路交通一般 C14 类接触网倒杆事故。

原因分析：

A 站驼峰调车长在调车机车与溜放车组分开后，未及时指挥司机减速或停车。驼峰值班员在没有了解掌握现场调车机车与车列分开的情况下，盲目联控指挥“空车，再加点速度”，导致调车机车与车列分开后发生碰撞。

39. 显示信号不及时造成冲突事故

2005 年 7 月 30 日 16 时 10 分 40059 次在 A 站调车作业，计划为 1＋20、7－10、煤 1－10，7＋10 待装。当作业至 7 道(货物线)摘 10 辆对货位时，由于调车长掌握速度不当，连结员采取措施不及时，致使前部第一辆 C64T4821165 撞上车挡。

原因分析：

(1)调车长作业中心中无数，对车站设备状况不熟，向 7 道推进车辆时速度掌握不当，停车不及。

(2)连结员处理不当，发现推进车列接近线路尽头未停车的情况，没有果断采取停车措施。

(3)平面调车设备使用不熟练，当发现显示停车信号而未停车的情况时，手忙脚乱，未能及时发出紧急停车信号。

40. 错误扳动道岔造成挤道岔，处置不当造成脱轨事故

2005年3月4日17时10分，A站运转一班1调，调车作业计划是：站内5+6东行，4道西行，5+8全，专用线3道−8，专用线1道−6，回站内2道入。当调车机车前顶8辆、后拉6辆去专用线送车运行到专用线1号道岔前停车，连结员下车准备专用线3道甩车，误将专用线1号道岔当作3号道岔扳动(道岔相距3 m)，随后就去撤除专用线3道防溜枕木，同时使用无线调车电台显示推进信号，在运行中发现车辆往走行线方向推进，马上用电台喊司机停车。在没有认真检查确认道岔位置的情况下，又盲目通知调车长指挥机车向后退，导致第三辆车二位台车六位车轮在1号岔处脱轨，17时10分发生，19时05分复救完毕。

原因分析：

(1)连结员严重违反作业标准，在没有检查确认道岔位置的情况下，盲目图快，误将1号道岔当作3号道岔，扳向反位后，又没有确认开通位置是否正确，盲目动车，造成车列挤过道岔。挤过后又不检查确认，又盲目指挥后退，致使先挤后脱。

(2)调车长对连结员扳动道岔作业没有认真监督联控，推进车辆时没有认真确认前方进路。

41. 未准备好进路发生先挤后脱事故

2005年4月16日9时05分，A站四调第二批调车作业计划：单机由铁16道经北端挂14道7辆去南干专用线作业。第三扳道员考虑到铁16道经由北端会压上北二路道口，由于铁15道空线，于是与十二扳道员联系后，擅自变更为铁 15 道经由，并通知有关人员。十二扳道员准备好铁 15 道进路后，臆测认为返岔处的 2 号道岔距离前面 1 号道岔有近 30 m 的距离，机车应在 2 号道岔处停车等待返岔，因此没有将 1 号道岔扳向铁 15 道开通位置，9 时 10 分，十二扳道员向司机显示 15 道开通信号，调车机车在全部越过 2 号道岔时，挤坏 1 号道岔，由于此时尚无人发现，十二扳道员又扳动铁 15 道 2 号道岔对向铁 14 道，然后去扳动 3 号道岔准备铁 14 道进路，并显示 14 道开通信号，最终导致调车机在向 14 道推进时，在 1 号道岔处先挤后脱的一般事故。

原因分析：

(1)扳道员在作业中违反《技规(普速铁路部分)》中“要道还道”规定及“对进路不该扳动的道岔，也应认真进行确认”的规定是造成这起事故的主要原因。

(2)扳道员安全预想不到位，经由铁 15 道时，虽然 2 号道岔距 1 号道岔间有 30 m 距离，可容纳机车，但为防止机车走行过远而挤岔，应将 1 号道岔扳向 15 道开通位置。

(3)扳道员没有严格执行调车作业计划，擅自变更计划未按规定通知有关人员。

42. 扳道不执行“一看、二扳、三确认、四显示”制度，造成脱轨事故

2006 年 4 月 24 日 15 时 10 分，A 站上行车间甲班 6 调计划上行编发场 29＋3、中 2－3、29 道南去、24 道＋10 辆、29 道推送北去，回 1 线检斤，货物 4 道－10 辆，回 29 道，15 时 25 分作业进行到第 6 钩 6 调推进 10 辆去回 1 线检斤，距 603 号道岔 70 m 时，扳道员出场到 603 号道岔旁离手柄 1 m 处直接显示道岔开通信号，领车制动员看到扳道员开通信号后报告了调车员，继续领车推进，压上 603 号道岔后发现进路不对，连续呼叫停车两遍后，发紧急停车信号，15 时 30 分车列前部一辆压上距离警冲标 3 m 的装卸防护脱轨器，前部 1 位台车 1 轴脱线，16 时 10 分复救完毕。

原因分析：

(1)扳道员未将 603 号道岔用后恢复定位；准备进路未认真执行"一看、二扳、三确认、四显示"制度，出场后不确认 603 号道岔位置，盲目显示道岔开通信号。

(2)领车制动员看到扳道员显示开通信号，没有确认道岔开通位置，没有及时发现进路不对错误，错失防止时机，采取措施不果断，先呼叫停车，后发紧急停车信号。

43. 错扳道岔造成溜放车组进四股脱轨事故

2007 年 8 月 31 日，A 站东调第二批作业计划：4＋14 解体 40714 次，15—5，14—3，15—1，14—2，13—1，11—1，13—2。10 时开始作业，10 时 40 分当作业到第 7 钩 13—2 时，扳道员在 79 号道岔处立岗，溜放车组第二辆车前台车越过 79 号道岔后，扳道员突然扳动道岔，致使后台车进入 37 道，造成第二辆车后台车脱线，构成调车脱轨事故。

原因分析：

扳道员在驼峰解散车辆连续溜放过程中，未认真掐单作业，精神不集中，思想溜号造成扳错道。

44. 错扳道岔、不确认进路，造成先挤后脱事故

2007 年 12 月 16 日 2 时 20 分，A 站客场三班五调进行第 3 批调车作业，作业结束后 4 号制动员将 H5 号道岔扳向货 1、货 2 开通（恢复定位）、H9 号道岔扳向货 3 开通（恢复定位）。5 时 50 分，进行第 4 批调车作业，北场 11 道＋10 辆牵引运行去货场送车，负责准备货 3 对货 9 牵出进路的 5 号制动员，误以为前批作业结束后，已将 H5 号道岔向货 3 道开通，就没有检查确认道岔开通位置，盲目向司机还道。6 时 20 分左右，调车机车由货 3 牵出去4 道送车，调车车列返过 H9 号道岔 20 m 左右停车(机车和机次第 8 辆全轮、第 9 辆前台车挤过 H5 号道岔)，负责扳道的 5 号制动员只将 H9 号道岔对向货 4 开通后，就报告去货 4 的进路准备好了，调车长随后指示溜放，在加速推进过程中，听到车下有异音，立即按下紧急停车键停车，停车后发现车列前部第二辆 2 位台车、第三辆 1 位台车脱轨，构成调车一般 D 类事故。

原因分析：

制动员误认为上批计划已将 H5 号道岔开通货 3 道，忘记已将 H5 号道岔恢复定位，就没有认真确认，盲目显示进路准备好了的信号，造成进路上的道岔开通位置不正确，调车车列先挤后脱。

45. 错扳道岔、盲目还道，造成脱轨事故

2016 年 3 月 10 日 13 时 45 分，A 站开始执行第 A01 号调车作业计划，16 时 57 分作业至第 14 钩调车机牵引 14 辆由调配站 3 道牵出时，由于进路上 1 号道岔开通位置错误，企业扳道员(铁路劳务输出人员)错误要道还道，牵出车列挤过 1 号道岔压道岔停车，第 15 钩压道岔折返向调配站 2 道推进过程中，推进车列前进方向第 9、10、11 位车辆脱轨，构成铁路交通一般 D2 类调车脱轨事故。

原因分析：

专用线调配站扳道员将调车进路上的 1 号道岔错误恢复定位方向，且向司机还道时未确认道岔开通位置，臆测显示股道及道岔开通信号；调车机司机未发现道岔开通位置错误，盲目臆测运行挤过 1 号道岔，尾部第 9 辆车压 1 号道岔停车，调车列向调配站 2 道推进运行过程中，前进方向第 9 辆车进四股，并导致 9～11 位车辆脱轨。

46. 间断瞭望、臆测作业，发生挤岔事故

2005 年 5 月 5 日 0 时 14 分，45005 次列车进 A 站 4 道，调车作业计划 4＋7，经 3 道对煤矿线牵出，7＋18，3－18，7－7，5＋13，

3道开车；车站值班员计划45005次经3道转7道后，3道接电45007次（列车编组43辆空敞，全部是给车站煤矿专用铁道配空），电45007次机车拔头后转4道担当45005次本务。当45005次调车作业进行到经下行本线去3道时，因车站值班员考虑电45007次后面是客车2121次，于是变更电45007接车计划，先接电45007次进3道摘头后，增加煤矿专用铁道机车进3道取43辆空敞车的作业计划。同时，变更45005次调车作业方式，使45005次在3道北头D12前等待。车站值班员变更作业计划后，使用无线电台通知调车组人员，在没有得到调车组人员回答的情况下，只开放了D4、D8两架调车信号机，连结员领车推进时，也只确认D4、D8信号机开放，未确认进路上D12信号机开放状态，致使45005次推7辆冒进关闭的D12信号机，挤过16号道岔，构成调车挤道岔事故。

原因分析：

连结员在领车作业过程中，没有逐架确认信号机显示状态，间断瞭望，盲目领车推进，是事故发生的直接原因。

47. 不确认道岔位置推进，造成脱轨事故

2005年9月7日5时10分，A站乙班5调准备作业，调车作业计划：8＋26，站1—8，站2—9，站3—9。5时30分，由8道牵出26辆越过D139号道岔，准备向站1推进时，领车制动员没有现场确认132号道岔位置是否正确，盲目领车推进，当车列越过132号道岔进入工务材料库线时，领车制动员发现进路不对，慌忙中用电台连续呼叫停车，忘发紧急停车信号，调车长听到呼叫后立即向司机显示停车信号，但因停车不及，车列将工务材料库线内的工务轨道车推行10 m左右，推上线路尽头的车挡，造成轨道车前部台车脱线。

原因分析：

领车制动员在推进车辆前不确认手动道岔位置是否正确，不确认进路是否正确，不执行要道还道制度，盲目领车推进，发现进路错误后只喊停车没有发紧急停车信号，错过了避免事故发生的时机。另一制动员作业中也没有现场确认 132 号道岔位置是否正确，上述两人没有现场确认 132 号道岔位置是否正确，是造成这起事故的主要原因。

48. 计划不核对、错误准备进路、领车不确认，造成脱轨事故

2005 年 4 月 7 日 8 时 55 分，A 站二班一调在车辆段北库捣调 K387、T187、1035 次所需车辆的调车作业中，由于调车组和第五扳道员计划不一致(调车组计划：带 1 辆，K15＋13，K13－2，K15－1；五扳抄收计划：带 1 辆，K15＋13，K12－2，K15－1)，调车组人员在 15 道挂 13 辆牵出后，不认真确认信号和进路，盲目推车，造成推进的 14 辆客车与 12 道原停留的 19 辆客车相撞，致使 12 道北头第一辆(YW25G674570)冲出车挡 10 m 后第一位台车脱轨(12 道原停留车距车挡大约 30 m)。

原因分析：

(1)车站调度员计划下达错误，并未听取复诵，致使调车组作业计划与扳道作业计划不一致，是造成这起事故的主要原因。

(2)前部领车制动员在未确认股道数码表示器显示号码是否正确的情况下，盲目显示推进信号，且没有在车辆前部领车，在车列已经进入 12 道的情况下仍按 13 道原停留车位置臆测显示信号，是造成这起事故的重要原因。

(3)扳道长才接收作业计划后，未与车站调度员进行核对，致使调车作业与扳道作业计划不一致，是造成这起事故的次要原因。

49. 不检查线路、不确认进路，造成脱轨事故

2006 年 1 月 11 日 19 时 20 分 A 站作业计划：1－15、2 转头，1＋15、6－15、4＋1、3－1、…。分工情况：调车长分工制动员跟进 6 道并下鞋止轮，连结员负责 6 道外侧止轮后，4 道开口，检查 3 道大门情况后检查3道停留车情况并负责掩护3道摘一辆的作业。4道挂1辆,3道摘1辆的作业由调车长一人作业。19点40分,作业至3道送1辆时,调车长一人领车推进,没有认真确认前方进路,当行至距脱轨器10 m左右时,发现脱轨器没有撤下,急喊停车,但为时已晚,造成推进车辆压上脱轨器脱轨,(一位台车第一轮对脱轨0.2 m),构成调车作业一般事故。

原因分析:

(1)调车长在计划分工时未落实调车作业标准。没有认真分配人员检查3道线路及脱轨器是否撤除。

(2)调车长进入本线前没有停车,没有派人检查线路、防护信号(脱轨器)是否撤除的规定。盲目领车推进。

50. 不确认进路盲目推进,造成先挤后脱事故

2007年11月19日10时10分,A站二班一调担当红旗专用线取送作业,当作业到红外线挂8辆推进去红旗线1道挂车时,由于领车制动员没有确认进路上道岔开通状态,在道岔位置不正确的情况下,盲目向调车长发出"连结"信号,致使推进车列挤过红外道岔。在挂妥红旗线1道3辆停留车后,调车长、制动员仍没有发现车列已经挤过道岔,盲目指挥调车机车牵出,导致机次6、7位车辆上四股,第6辆一位台车两根轴脱轨,第7辆二位台车一根轴脱轨,构成调车作业先挤后脱的一般D类事故。

原因分析:

领车制动员在作业中,不认真确认进路上的道岔,造成车列挤道岔,而且没有及时发现。连挂妥当后,仍不进行检查、确认,导致在车列回牵时,6、7位车辆上四股脱轨。

51. 扳动道岔不确认密贴状态,造成脱轨事故

2005年7月14日6时30分,A站二班一调调车区长下达5号调车作业计划,该计划为3+6,5−5,4−1,9+13,11+20,修车线1道—17,修车线2道—16,西货场2+22,调1—1,调4—6,调1—1,调4—1,调1—3,调6—5,调1—1,调6—2,调3—2,调6+7、调4+10,西货场2—17。当作业到第6钩修车线1道-17时,扳道员将货1号道岔对向修车线1道后,就去调车区长室闲聊,并将道岔锁的钥匙落在调车区长室内。当作业至第8钩单机去西货场2+22时,扳道员将货1号道岔扳向定位对向货2道,道岔扳动后,由于道岔锁钥匙落在调车区长室内,就没有将道岔及时加锁,虽然此钩作业未发生事故,但为事故发生埋下了隐患。7时49分,当作业至最后一钩,调车机车推进17辆去西货场2道,扳道员没有再次确认道岔密贴状态,在与调车组人员要道还道后,便去调车区长室取道岔锁钥匙。当车辆再次经过货1号道岔时,推进方向1至5位重车正常过去,6、7位空车全轴脱轨,8位空车一位二轴脱轨,9位重车全轴脱轨。

原因分析:

(1)扳道员在调车作业进行到第8钩,准备西货场2道的进路时,只是将货1道岔弹簧手柄扳至反位,没有确认手柄位置是否落到扳道器枕木手柄槽内,没有确认道岔密贴状态,也未将货1道岔及时加锁,给事故埋下隐患。当作业到最后一钩再次经过货1道岔时,没有再次确认,更没有坚持立岗监视机车车辆走行状态,而是到调车区长处取钥匙,严重违反了调车作业标准中关于扳动道岔的有关规定。

(2)扳道长没有监督检查扳道员的作业过程,没有相互联控,对扳道员不立岗作业没有制止。

52. 错扳道岔造成脱轨事故

2015年5月2日13时左右,A站1队1调解体40683次(现车43辆),采用平面溜放作业。计划6钩,11+43、5—3、8—1、3—1、8+9、14—47编成44095次列车,当溜放到第4钩3—1(空棚车，车号 P62K3137898）时，因驼峰扳道员精神不集中错误将 3 道进路准备成 2 道，当发现进路错误后，在未确认溜放车辆是否进入 2 道的情况下，盲目单操扳动道岔，致使溜放车辆运行途中压上正在转换的 225 号道岔，车辆进入四股后前台车一位轴脱线。

原因分析：

驼峰扳道员精神不集中，中断监台，错排进路后不确认停轮盲目变更。

53. 不调整钩位、不确认连挂妥当，溜放造成脱轨事故

2005 年 8 月 28 日 14 时 40 分，A 站上行峰尾 4 班 8 调准备调车作业，作业计划：7＋31，2－26（组成 33424 次列车），（带 5 辆迂回线溜放）3－1，5－2，3－2。15 时 11 分，作业到第 3 钩 3－1 时，由于溜放速度较低，车辆溜出后，停在 4151 号道岔（6 号双开道岔）辙叉处（有害空间）。当作业至第 5 钩 3－2 时，调车机车带 2 辆准备连挂 3 道停留在辙叉处的 1 辆车，再将 3 辆车同时溜放进 3 道。由于 3 道停留车正处于辙叉处，加之该处为道岔曲线，机车带 2 辆连挂该辆车时，两车钩高度差较大，连结员在未对车钩进行调整的情况下，连挂后瞬间加速、溜放，导致辙叉处的车辆（空 G600210051）1 位台车第一根轴于 15 时 10 分在 4151 号道岔辙叉处脱轨。

原因分析：

（1）连结员曲线挂车没有一度停车，没有认真确认好钩销是否完全落锁，盲目显示溜放信号，致使车辆在 4151 号道岔辙叉处脱线，对这起事故负有主要责任。

（2）调车长在调车作业进行到第 3 钩 3－1 时，溜放车辆时速度过低，溜放车辆没有溜入警冲标内方，而是停在 4151 道岔辙叉处（有害空间），为事故的发生埋下了隐患。作业进行到第 5 钩 3－2 时，在机车带 2 辆连挂 3 道停留在辙叉处的 1 辆车时，连挂后，推进作业前，没有按规定试拉，又没有意识到曲线、辙叉处（有害空间）瞬间加速的严重后果，盲目指挥机车溜放，对这起事故负重要责任。

54. 重车当空车制动，造成脱轨事故

2009 年 4 月 8 日 23 时 40 分，A 站北场运转车间一班二调解体 45501 次共 16 钩，计划：6＋37（解体 45501 次），20－4、15－1、14－1、15－3、14－1、15－3、11－2、17－2、11－1、12－2、20－4、11－2、17－2、18－5、11－2、12－2。当作业至第 13 钩 11－2，制动员把第 13 钩 11－2（重车）误认为计划第 16 钩 11－2（空车），未下基本鞋，造成该钩车下峰后以 16 km/h 左右通过 11 道脱鞋道岔与计划第 10 钩 11－1 空棚车（P623104022）相撞，造成该车前台车（2 位端）脱轨，构成铁路交通 D2 类调车脱轨事故。

原因分析：

新职制动员在接受调车作业计划后未认真查看，对作业内容掌握不准，将自己负责制动的空重车记混淆，盲目作业。

55. 排风不彻底溜放，造成侧面冲突脱线事故

2010 年 6 月 12 日 10:55 分，A 站二调机车在二线解体 31984 次车体（65 辆），作业计划共计 21 钩。11:38 分当解体至第 20 钩 24－2（车号：NX17B5281239、NX17B5280452）时，两辆平车运行至峰下一缓交叉渡线处途停，后续第 21 钩 32－2（车号：C644884591、P623126919），与途停车辆发生侧面冲突，造成第 21 钩前部敞车（C644884591）在 216 号道岔交叉渡线处全轮脱线。

原因分析：

解体第 20 钩 24－2 时，由于前部第一辆车（NX17B5281239）排风不彻底，造成溜放途停，与后续溜放车组发生侧面冲突，导致后续车组前部第一辆车脱线。

56. 排风不彻底溜放，造成冲突事故

2005 年 6 月 26 日 33514 次 10 时 58 分到达 A 站南运转场

4道,11时40分下达调车作业计划。作业计划是到达场4道＋41、编发场9道－2(重车)、8道－5(重车)、9道－16、1道－1、8道－4、1道－1、8道－1、9道－11,共9钩。排风制动员11时45分开始按计划排风摘管,12时10分排风作业完了。调车机车12时30分由峰上去到达场4道＋41开始推峰,前端第一辆车车号为C64T4920263,该车是低磨合成闸瓦。提钩连结员当第一钩溜出(下峰速度为9.8 km/h)后,便向后跑提第2钩8－5。当时调车显示绿灯。车钩提开后,驼峰调车长发现前行车组走行较慢,随即用调车无线电台喊停车,并用鼠标点击停车信号,提钩连结员听到后回答“钩已提开”。停车已来不及。当第一钩车辆出清303号道岔后,驼峰调车长立即用人工操纵方式手动将峰下303号道岔扳向1～6道开通位置(1～6道为一线束,7～12道为一线束)。后行车组(8-5)与前行车组(9-2)在距305号道岔10 m左右处(警冲标外方5 m处)发生侧面冲突。造成前行车组的第2辆货车2位台车脱轨。

原因分析:

(1)排风制动员作业中简化作业标准,工作不认真负责,未排净副风缸里的余风,致使在解体车列时车辆抱闸,溜行速度缓慢,被后行车组冲撞。

(2)提钩连结员在峰上提钩作业时,未认真检查抱闸车,也没有确认前行车组走行情况即行提钩。

(3)驼峰调车长发现溜行车组走行较慢,虽然采取了停车措施,但已错过时机,将后行车组扳向另一线束,处理不当。

57. 排风不净、不确认,造成溜放脱轨事故

2016年5月27日22时55分,A站1调执行第101号调车作业计划,作业至第23钩编6－7时,由于前钩8道溜放车组停于70号道岔辙叉心处,未能全部进入编8道。致使后续溜放车组第一位车辆(P64GK3462110)与停留在 70 号道岔辙叉心处的车组最后一位车辆(GLBK0636557)发生侧面冲突,造成溜放车组第一位车辆二位端台车在驼峰场西端 76 号道岔前脱轨,构成铁路交通一般 D1 类调车冲突事故。

原因分析:

当调车作业计划执行至第 22 钩(编 8－20)溜放车组走行至 70 号道岔处发生途停,致使后续溜放车组(编 6－7)与停留在 70 号道岔辙叉心处的车组最后一位车辆发生侧面冲突是造成此次事故的主要原因。途停原因是制动员、连结员在对列车排风作业时未做到风净闸松的规定。推峰解散车辆时对前方所溜放的车组是否越过警冲标,未进行确认,盲目执行下一钩推峰溜放作业是发生侧冲的又一原因。

58. 推峰速度过高、铁鞋制动不当,造成冲突事故

2005 年 6 月 4 日 1 时 20 分,A 站运转二班一调解编 40142 次列车,作业计划是:4＋11,8－3,7－3,10－2,7－3,4＋14,4－14(编组 40142 次),当驼峰作业溜放第一钩 8 道摘 3 辆时,由于溜放速度过高,两只基本鞋被撞掉,制动长下一只辅助鞋后,溜放速度仍未控制住,溜放车辆与原停留车相撞,造成 P643401213 号车 2 位端牵引梁的 2 个铆钉折断。

原因分析:

(1)调车长推峰速度过高,是造成这起事故的主要原因。

(2)制动员作业准备不充分,观速不准确,对溜放车辆速度过高采取的措施不及时,是造成这起事故的次要原因。

59. 铁鞋制动不当造成冲突事故

2005 年 1 月 12 日 9 时 03 分,X36 次进入 A 站上 4 道,二调于 9 时 35 分挂上 4 道 X36 次 13 辆上峰解体,作业计划是“东 2 道摘 4 辆、上 7 道摘 1 辆、东 2 道摘 2 辆、上 10 道摘 4 辆、上 7 道摘 2 辆、当解体到第3钩东2道摘2辆时，溜放的车辆将第1只基本鞋压断后吐出，将第2只基本鞋打掉，制动员预想不足，未能在头一辆车下掏上辅助鞋，反在第2辆车大当处放上一只辅助铁鞋，由于制动力不够，且已接近原停留车，结果溜放的车辆与原停留车下相撞，造成一辆棚车一端冲板座铆钉折断，发生一起调车冲突一般事故。

原因分析：

(1)车站铁鞋管理不善，对频发鞋尖折断材质问题处理不及时，给调车安全留下隐患。

(2)制动员技术业务素质低，作业前安全预想不足，作业中飞鞋后没有采取有效手段，应急处理能力差。

60. 盲目发出起动指令，挤岔后处置不当扩大后果

2009年3月15日13时25分，83676次列车到达A站3道，本务机车担当调车作业，作业计划：3道单机出、4＋11(空棚车3辆，重8辆)、1－3…，共计7钩。14时00分，4＋11连挂后，在连结员没有显示起动信号的情况下，调车长盲目指挥机车推进，造成推进车列越过关闭的D9信号机，挤过13号道岔，构成调车挤道岔一般D类事故。

原因分析：

(1)调车长在未听到连结员与值班员联控的情况下，既未明确前方信号或是防溜措施撤除好了，又未得到连结员的起动信号，就盲目指挥推进运行；同时，发现推进车列前部5辆车挤过13号道岔后，没有对现场情况进行确认，盲目指挥机车回牵，扩大了事故后果。

(2)连结员在撤除防溜措施后，没有按照规定用语汇报，使调车长误认为是调车信号好了；同时，发现车列起动时，没有立即显示停车信号。

61. 恶劣环境调速、制动不当，造成挤道岔事故

2009年3月16日5时50分，A站三班一调进行调车作业，作业计划:7+37、牵引上峰 6—2(空线)、4—1(空线)…,总计 17 钩。6 时 05 分,制动员根据分工到达组成 6 道峰尾等待第一钩 6—2 辆重车溜放作业,6 时 09 分,制动员报告“6 道 5 号准备好了”。6 时12 分开始推峰作业,6 时 13 分,制动员在组成 6 道峰尾下基本鞋一只,当溜放车组压上基本鞋后,基本鞋挤出,溜放车组走行几米之后再次压上基本鞋,基本鞋又挤出,再次压上,再次挤出,车组走行 16.5 m 后将基本鞋打飞,制动员掏当连续下 3 只铁鞋,均被打飞。6 时 17 分,溜放的 2 辆重车前部车辆前转向架 2 个车轮挤过 6 号道岔后停车,构成调车挤道岔一般 D 类事故。

原因分析:

(1)在天气不良、气压低、钢轨上露水大的情况下,负责在脱鞋道岔处进行调速制动的 2 号制动员对溜放车组的性能不掌握,没有考虑到钢轨上有露水,铁鞋制动力减弱的问题,作业中没有进行调速制动,致使溜放车组速度过高。

(2)5 号制动员下基本鞋制动后,发现车速过快后没有及时下辅助铁鞋,在基本鞋被打飞后,才去掏当下鞋,致使铁鞋连续被打飞;而且在得到车组速度快、拧闸的提示后,也没有及时采取果断措施进行处理。

(3)5 号制动员作业前没有做好充分准备,在钢轨上撒好砂子,增加制动力。

62. 环境恶劣调速不当发生冲突

2005 年 2 月 18 日 44073 次 13 时 08 分到达 A 站三场 3 道。13 时 50 分经 3 调驼峰解体至四场 1 道 1 辆(原停 15 辆)。14 时 05 分,货物线调车区长向 5 调调车长下达了四班 5 调转场作业计划:四场 1 道+16,货 3—4,货 2—4,货 1+1,货 2—6,货 3—1(对吊车)。14 时 40 分,第二钩向货 3 溜放 4 辆时,连结员在 114 号道岔处提开车钩,车组脱钩时速度大约在 12 km,此时调车区长用电台呼叫制动员说:后面还下车,往里放一放。当溜放车组行至距挡车器约 50 m 左右,制动员开始调速,但因当时天气下雪,轨面有雪,且第一辆车为空车(后 3 辆为重车),制动力较差,14 时 42 分,溜放车组以 7 km 左右的速度撞上挡车器,将挡车器推行约 8m 停车。

原因分析:

(1)制动员在下雪的情况下,调速较晚,且违反《调车作业》标准中"选重不选空"的规定,是造成溜放车组与挡车器相撞的直接原因。

(2)调车长在下雪的情况下,没有进行作业前安全预想,没能起到提示提醒的作用,是造成溜放车组与挡车器相撞的重要原因。

63. 车轮踏面粘有异物未发现,溜放作业造成脱轨事故

2008 年 9 月 11 日 1 时 05 分,A 站下行乙班 3 调去上行编发场 8 道+29 辆,转到下行到达场 5 道−29 转场车,1 时 10 分开始解体,计划 5+29,15−6、14−7、15−1,9−1,20−1,16−1,20−1,10−1,5−8,10−1,14−1,共分 11 钩。当 1 时 32 分到 5 解体至第 2 钩 14−7 辆时,驼峰微机报警,显示钩车在 305 区段钓鱼,经检查,发现 14 道 7 辆车中的第一辆 P_{64}3466973(空车)进入 14 道(第 2 线束),第 2 辆 P_{62K}3120057(空车,计长 1.5)进入第 3 线束头部脱轨;第 3 辆 B15F7004282A(空,计长 1.6)脱轨。当时推峰速度 2.4 km/h,采用自动溜放方式作业(下行驼峰 TW-2 型自动集中),驼峰作业人员没有进行手动干预。

原因分析:

放风制动员在放风作业过程中检查车辆不细致,没有发现车轮上有沉积物,溜放作业时因车轮与钢轨绝缘,造成微机系统误认车组出清轨道区段,从而执行下一钩计划,造成道岔途中转换,使 14 道一钩 7 辆车中北端第 2 辆前台车进入第二线束,后台车进入第三线束脱轨。

64. 车辆轮对黏附异物造成脱轨事故

2017 年 5 月 13 日 22 时 44 分，A 站执行第 A002 号计划（共 22 钩），进行到第 15 钩编 11－5 驼峰溜放，走行至 205 号道岔与 207 号道岔间前端第一位车辆（G70 0779902）1、2 位端台架 1、2、3、4 位轮对、第二位车辆（G70 0779908）1 位端台架 1 位轮对脱轨。

原因分析：

车轮踏面黏附沥青，造成 205 号区段轨道电路压不死，系统自动执行下一钩命令，205 号道岔转换，车组进入异轨。

65. 堵门车溜放造成冲突事故

2016 年 3 月 26 日 15 时 50 分，A 站 1 调执行第 1007 号调车计划，驼峰自动溜放作业。16 时 05 分执行到第 7 钩 B2 道溜放 28 辆时（测距显示 236 m），调车组采用半自动定速方式溜下第 7 钩 28 辆后，暂停推峰作业。16 时 06 分 23 秒调车长确认 B2 道溜放的 28 辆车组已越过 203 号道岔区，不影响后续溜放后，连结员于驼峰平台中部提下 B8 道 1 辆溜放车。16 时 06 分 28 秒，驼峰系统提示 B2 道"低速报警"，自动关闭推峰信号并封闭 203 号道岔。16 时 06 分 37 秒，已脱钩的 B8 道溜放车辆越过关闭推峰信号，压上 201 道岔区段时，因 203 号道岔已封闭不能转换，只能溜向 B2 道，驼峰信号员为防止 B2 道正面冲突，看控制台 211 道岔已出清（实际仅出清尖轨部分，未过标），16 时 06 分 49 秒，抢扳 211 道岔开通 B1 道，造成该溜放车辆（P62NK3317037）在 211 号道岔的岔心处与前行车组（B2 道 28 辆）的尾部最后一辆（GQ70 0554166）发生侧面冲突，两辆货车中破，构成铁路交通一般 D1 类调车冲突事故。

原因分析：

调车区长违章指挥，在 B2 道溜放距离不够的情况下，违章安排调车长组织堵门车溜放。驼峰信号员盲目处置，仅凭控制台显示211道岔已出清，盲目抢扳211道岔开通B1道，造成侧面冲突。

66. 未按规定选闸、试闸，造车冲突事故

2016年3月28日0时10分，A站准轨调车3组执行第A02号调车作业计划，作业至第25钩3道溜放3辆时，溜放车组与停留在3道尾部的1辆空棚车（P64K3404847）发生相撞，导致空棚车撞上车挡，构成铁路交通一般D1类调车冲突事故。

原因分析：

连结员溜放作业前未按规定选闸、试闸，溜放车组运行中采取人力制动机制动时未能有效制动，导致溜放车组与股道内停留车相撞。

67. 未安装紧急制动阀，停车不及时造成脱轨

2008年11月28日1时10分A站二调开始作业，作业计划：…、2＋46、铝2－46、…、共21钩。3时25分，2＋46作业前，二调穿插其他调车作业9钩；5时26分，2＋46辆后，推进车列向铝厂专用线运行。5时45分，车列与铝2线原停留20辆空敞车连挂，进行试拉后，继续向尽头线方向推进，当前方车辆越过2号道岔后，连结员显示“十车”信号，调车长没有回示，连结员随即喊“减速”，调车长也没有回示，连结员立即按紧急停车键（便携式设备），在调车长及司机仍然没有回示情况下，立即下车往后跑，边跑边用手信号灯向调车长显示停车信号，调车长看到连结员显示的停车信号后，立即按下停车键，司机采取停车措施，因停车不及时，前部第一辆撞上挡车器，造成该车前端台车脱轨。

原因分析：

（1）专用线调车作业不按规定使用排风阀，造成调车作业中连结员与调车长联系不上时，不能使用排风阀紧急停车。

（2）调车长对专用线停车距离掌握不准确，在车列进入3号道岔后，前方线路仅能容纳 66 辆，即便没有得到连结员的停车报告，调车长也应该及时指示机车停车。

(3)连结员使用的灯显电台存在时好时坏问题，特别在距离较远时，联系信号不好。

68. 臆测作业、盲目启动，造成挤道岔

2009 年 3 月 15 日 13 时 25 分，83676 次(列车编组 57 辆、计长 69.9、总重 5 070 t)货物列车到 A 站 3 道进行调车作业。作业计划：3 道单机南头，4＋11，1－3，4－8，5＋5，1＋3，3＋全开车。13 时 49 分开始调车作业，当作业到 4＋11 后，连结员撤除车列前部防溜措施，同时向调车长汇报："防溜措施已撤除。"调车长又用对讲机询问连结员"咋样了，好了没有？"连结员误认为是询问防溜撤除好了没有，就盲目回答："好了，完事了。"调车长在未得到连结员的起动信号的情况下，便盲目显示起动信号指挥机车推进。车站值班员通过控制台发现调车车列在未询问调车进路的情况下，起动并压上 13 号道岔区段轨道电路，挤岔铃响，立即用无线电台呼叫"怎么干活了，司机别动"。停车后，调车长和司机发现调车推进车列前部 5 辆车挤过 13 号道岔，之后调车长又盲目指挥机车回牵，致使第 5 辆车(P64AT3480026)第二位台车进四股，13 号道岔被挤坏。

原因分析：

调车长在未听到连结员与车站值班员联控的情况下，既未明确询问连结员前方信号还是防溜措施撤除好了，又未得到连结员的起动信号，就盲目显示起动信号指挥车列推进运行。

69. 盲目发出起动指令、不监视进路，造成挤道岔

2016 年 3 月 18 日 4 时 42 分，A 站 1 调执第 31 号调车作业计划，解体 11 道 40008 次时，因司机在连挂妥当后未按压 STP 自动校正键，STP 安全防护功能不起作用，在领机调车长发出错误的起动信令后，司机未确认驼峰辅助信号显示状态，盲目操作机车推进运行，致使推进车列越过关闭的 TF11 辅助信号机，挤坏 174 和 158 号道岔，构成铁路交通一般 D3 类挤道岔事故。

原因分析：

领机调车长在未确认驼峰预推辅助信号开放正确的情况下，盲目向司机发出起动信号。信令发出后违规进入司机室休息，在解体车列预推过程中，未监视预推进路，任由 1 调盲目推峰。

70. 观距错误造成车辆脱轨、人身死亡

2017 年 4 月 3 日 A 站调车机车在 B 站调车作业 8 道一15(共 49 辆)推进时，以 7 km/h 的速度撞上尽头车挡，造成前端第一位车辆脱轨并侧翻侵入Ⅱ道正线，领车连结员被压死亡，中断正线行车 5 h 32 min。构成一般 B 类事故。

原因分析：

连结员领车中观距错误，直至距离车挡约 30 m 时才呼叫“十车”，且未立即发出“紧急停车”信令，导致事故发生。

71. 防溜不达标造成车辆溜逸挤道岔脱轨

2005 年 6 月 10 日 2 时 40 分。A 站运转三班二调计划 18 道挂 12 辆，房二甩 5 辆、粮西甩 2 辆、电 5 甩 3 辆，当电 5 甩 3 辆时，制动员通知调车长，电 5 变更给电 6，当进入电 6 警冲标后，制动员在摘车时，只拧紧 1 辆车的人力制动机，且该车大部分闸瓦已丢失，同时，在提钩时要求调车长顿钩，导致车辆溜逸。车辆溜逸挤过电 6 道岔后停车，重新连挂车辆后，调车长提醒制动员确认电 6 道岔是否挤过，制动员未进行认真确认就显示回拉信号，造成车辆脱轨。

原因分析：

(1)调车区长编制作业计划与现场实际不符，造成调车组不得不变更计划作业。调车作业计划是 18＋12，房 2－5，粮西－2，电

5—3，带 2 辆电 6＋7，粮西＋7，18—16。实际作业是要调粮西线内的 7 辆车，导致调车人员从第二钩开始就变更调车作业计划，调车区长一批调车作业 7 钩，6 钩被变更。

(2)调车长接到调车作业通知单后，根本未进行分工，只是按照日常惯例指挥调车作业，导致制动员与连结员分工不明确，为车辆溜逸埋下隐患。

(3)在推进车辆进入电厂时，由于进路对 6 道开通，制动员不愿下车扳动道岔，私自与电厂调度联系，将本应送电 5 道的 3 辆车变更为送电 6 道。而且在已得到调车长"电 6 道有坡道，做好止轮"的提示下，仍然没有对所送车辆的人力制动机进行检查，在摘车时，只拧紧 1 辆车的人力制动机，且该车大部分闸瓦已丢失，同时，在提钩时要求调车长顿钩，导致车辆溜逸，在车辆挤过道岔停车后，也不认真检查确认是否挤道岔，盲目让调车长回拉。连结员作业时，不去提钩，而是由制动员代替，当制动员摘开车辆时没有帮助确认止轮情况。

72. 不确认车辆状态、不撤防溜、不试拉，推进脱轨

2005 年 5 月 26 日 23 时 51 分，A 站调车作业，货 2 挂 9，捣 3 钩，二专头存放 4 辆空棚车配装，22 时 50 分 7 道挂 18 辆，10 道摘 3 辆，二专头挂 4 辆，摘 19 辆对货位装车。23 时 51 分带 15 辆挂原停留 4 辆时，连结员挂时未显示停车信号，以 2 km/h 速度进行连挂，挂妥后继续推进，未松开手闸，连挂地点正处于 200 m 曲线半径处，由于继续运行第 15 辆 P643403209 车轮缘踏上轨面，造成 2 位台车第 4 根轴脱轨。

原因分析：

(1)连挂地点处于 200 m 曲线半径处。脱轨车外侧轮缘紧贴钢轨头部，并有外胀力，连挂时轮缘跳上轨面。

(2)调车人员作业中，不按标准作业，简化作业程序。存在连挂车辆不显示停车信号，连挂后未确认车辆状态，不进行试拉，不松开手闸就推进等一连串的违章作业。

73. 漏撤防溜铁鞋，压鞋推进脱轨

2009 年 11 月 10 日 8 时 10 分，A 站三班二调进行第一批作业，计划 16 钩：南 1＋9，2－1，1－2，13－1 电火，1－3，2－2，北 9＋7，下 2－3，北 9－4，北 8＋2，北 11－1 带 1 辆，下 2＋6，北 9＋5，红旗线送 5 辆对库，南货 1－3，2－4。9 时 20 分，当作业到第 14 钩机车推 12 辆由北 9 道向红旗线送 5 辆时，由于领车制动员漏撤第一辆车Ⅱ位端背面的防溜铁鞋，造成推进车列压鞋走行 242 m，行至货中 228 号复式交分道岔辙叉处，前部第一辆 C61Y443170 空车全轮脱轨，10 时 35 分复救完毕，构成调车脱轨一般 D2 类事故。

原因分析：

制动员对北 9 道停留车辆检查不细，认为南端只采取人力制动机止轮，只检查车辆左面一侧，漏撤防溜铁鞋。

74. 防溜不达标造成车辆溜逸脱轨事故

2009 年 11 月 25 日 9 时 01 分，548507 次编组 1 辆无动力回送电力机车到达 A 站码头线。A 站组成临时调车组（助理值班员担当调车长、调车区长担当连结员）利用机车进行回送机车转线作业。9 时 15 分，548507 次经本线转线进入 3 道，调车区长对回送机车第 2、第 5 位轮对外侧安放铁鞋止轮，并通知助理值班员。9 时17 分，助理值班员复检后摘开机车。11 时 31 分，车站值班员发现 3 道停留的回送机车向东溜逸，越过 7 号、13 号道岔走行 928 m，撞上挡车器后冲出车挡脱轨，并将 101 号接触网支柱撞断。

原因分析：

调车区长只在机车两端使用了铁鞋防溜，且铁鞋未紧贴车轮踏面，并缺少一道防溜措施。

75. 漏撤防溜铁鞋造成脱轨事故

2011 年 11 月 30 日 0 时 07 分，45301 次列车（现车 41 辆）到达 A 站内 1 道停车，按照值班员编制的 A001 号调车作业计划：1 道+41 越站全，3 道+10 开车，于 0 时 12 分开始调车作业。0 时38 分，该调车作业至 3 道+10 辆联挂妥当后推进，走行 126 m，因车辆产生自动排风停车。经现场检查，发现推进车列前端第 16 辆前台车、第四根轴脱轨（均为运行右侧车轮掉入钢轨内侧）。

原因分析：

连结员漏撤铁鞋，车辆推进时，铁鞋在未锁闭情况下随车辆移动，在轨面滑行，并在通过 9 辆车左右时滑向钢轨内侧，致使轮缘压上铁鞋侧面，造成车轮踏面离开轨面，在右侧水渣挤压下向左横移，导致轮缘跳上钢轨。

76. 防溜不彻底，造成车辆溜逸

2011 年 12 月 7 日 0 时 06 分，A 站运转车间三班 2 调在一场进行倒调客车体作业。调车长、连结员在作业中，发现 2 站台客 3 道停留的 K7591 次客车体向 B 方向溜逸（经调查核实溜逸 17 m），客车体端部车辆距车站北侧平过道约 2.5 m，报告车间值班干部，并重新对客车体防溜止轮。

原因分析：

K7591 次 12 月 6 日 18 时 55 分到达 A 站，达到最大减压量 170 kPa，车列止轮后摘开机车。客调区长安设客车体防溜铁鞋不认真，致使防溜铁鞋未压实，也没有按规定对客车体防溜进行重点巡检。车列停留时，由于车辆管系漏风，副风缸风量减少，车辆自然缓解，并且 A 站客 3 道向 B 方向为 1.2‰的下坡道，造成 K7591 次客车体沿 B 方向溜逸。

77. 未采取防溜措施、溜放车组与溜逸车组发生侧面冲突

2016 年 1 月 15 日 15 时 11 分，A 站调车机车执行第 A03 号调车

作业计划，作业至第7钩9道溜放2辆时，因8道停留车组由南向北溜逸，并越过8、9道间警冲标外方约15 m，导致溜放车组与8道溜逸的车组发生侧面冲突，构成铁路交通一般D1类调车冲突事故。

原因分析：

(1)2号制动员未对8道解下的车组南端采取防溜措施，未提示调车长摘解车辆未与原停留的车组连挂上，而是盲目求快，急于去准备下一钩作业。

(2)3号制动员在负责第7钩溜放车组制动时，未正确观速观距，对前方调车进路瞭望不彻底，未能及时发现已溜逸出8、9道间警冲标外方的车组并采取制动措施。

(3)扳道员在准备好9道调车进路后，没有对调车进路进行监控，没有发现溜逸车组破坏了9道调车进路。

78. 不采取防溜措施造成车辆溜逸冲突

2016年7月3日20时50分，A站DF5型1890号站调车机车在执行第A01单调车计划至第9钩7+2，推进运行至30号道岔处时，与11道溜逸的停留车辆发生侧面冲突，造成推进车列第6位车辆二位台车两个车轮脱轨，构成调车冲突事故。

原因分析：

7月3日20时37分，A站连结员在对11道停留的15辆客车底进行加挂调车作业，执行第8钩11+14牵出时，在分钩摘解后，未对遗留的1辆停留车辆采取铁鞋防溜或拧紧人力制动机防溜的措施，导致该车发生溜逸，与牵出转线后执行第9钩7+2推进的车列发生侧面冲突。

79. 防溜不达标造成车辆溜逸挤坏道岔

2017年3月27日3时46分，A站专调机车执行A002号调车作业计划，第2钩3道挂20辆往南牵出后，3道遗留的1辆重车(P703801706)往北溜逸，越过关闭的S3信号机，挤坏13号道岔后，3 时 58 分停于 13 号至 7 号道岔间，共计溜逸走行 510 m，构成铁路交通一般 D3 类挤道岔事故。

原因分析：

连结员在对 3 道北头第一位车辆（P703801706）设置人力制动机紧固器时未拧紧，也未确认闸链不松动，闸瓦贴紧车轮。3 道挂 20 辆往南牵出后，对一批调车作业中临时停留在 3 道内 1.7‰下坡道的事故车辆撤除铁鞋和人力制动机紧固器“双防溜”中的防溜铁鞋后，未检查链条和闸瓦状态确认人力制动机紧固器拧紧，且调车机车牵出动车前车辆缓解后，车钩自然伸张产生后坐力导致事故车辆往北发生溜逸，越过关闭的 S3 信号机，挤坏 13 号道岔后停车。

80. 未采取防溜措施造成车辆溜逸

2017 年 9 月 23 日 2 时 5 分，A 站车站调度员向 1 调下达第 1004 号调车作业计划。计划执行过程中，车站调度员两次口头变更调车作业计划，4 时 12 分，机车（计划 4 时 20 分担当 4 道 87301 次牵引任务）自 A 站西头进入 4 道准备挂头时，司机发现车列向东缓慢移动，立即汇报车站，车站随即通知防溜员对移动车列（空敞车 10 辆）采取制动措施，4 时 18 分，车列停于 125 号岔前。5 时 52 分将溜逸车列拉回 4 道。7 时 29 分，变更 51015 次 A 站开车，耽误本列 3 h 09 min。

原因分析：

（1）车站调度员两次口头变更调车作业计划，但计划变更均未向防溜员传达，导致防溜员对新增 7＋10、11－10（后变更为 4－10）计划不掌握，未到 4 道进行防溜。

（2）调车长、连结员也未确认防溜措施是否设置就摘开机车。

81. 调车作业不试拉造成列车分离事故

2016 年 11 月 14 日 17 时 37 分，A 站在组织 47262 次发车时，车站值班员接到 47262 次列车司机报告“后边拉不动了”。车站现场检查后，发现机后第 51 位车辆（C701661125）与第 52 位车辆（C644960231）车钩分离，软管拉开，构成铁路交通一般 D8 类货运列车分离事故。

原因分析：

A 站调车作业人员在调车作业挂车前未认真预检线路车辆，对列车机后第 51 位车辆与第 52 位车辆连挂状态未认真确认。机车挂妥后，未按照编组列车要求，对整列列车进行试拉。

82. 未连挂妥当推车造成脱轨事故

2016 年 11 月 25 日 9 时 39 分，A 站 2 调机车下峰，计划将上批溜放作业途停在 4048 号道岔上的溜放车组（54 辆）推送至股道内方。调车长在机车与待挂车辆车钩未连挂妥当的情况下，盲目指挥机车推进运行，推送过程中机车端第 1 位车辆（C64K4898994）一位端台车发生脱轨，构成铁路交通一般 D2 类调车脱轨事故。

原因分析：

调车长在连挂车辆前，调整调车机车车钩时，在车钩多次调整未妥的情况下，盲目图快，在机车与待挂车辆车钩未连挂妥当的情况下，指挥机车违章推进，导致车辆脱轨。

第二节　人身伤害

培训目标：使学员认识到人身安全的重要性，增强人身安全意识。

培训方法：场景再现、互动教学。

案例分析：

1. 未确认车组停稳进入车组间作业，造成人身伤害事故

2007 年 2 月 26 日 19 时 20 分，A 站三调进行第 1 号调车作业，计划：22＋58、12－58(编组 33121 次)，2 号与 3 号制动员按照分工，于 19 时 50 分去 22 道拿车(当时三调机车由 16 道转 22 道，未进入 22 道)，当走到 22 道北部时，2 号制动员发现机次第 6 辆北侧钩销未落锁，于是进入车组间处理钩销，正在处理时，该车组(41 辆)被驼峰向 22 道溜放的 17 辆重车撞走，2 号制动员抓车被拖行大约 6 m，经医院诊断为胸部挫伤，臀部撕裂伤，右脚四、五趾骨折，构成一起责任职工轻伤事故。

原因分析：

2 号制动员(2007 年 2 月 7 日新定职)在未确认溜放车组停稳的情况下，进入两车组间调整钩销。违反了《铁路车站行车作业人身安全规定》中“摘接制动软管、调整钩位、处理钩销、采取或撤除防溜措施时，必须等列车、车列(组)停妥”的规定。

2. 没有抓稳蹬牢跌落，造成人身伤害事故

2007 年 3 月 11 日 8 时 30 分，专 3 次到达 A 站进行调车作业。当作业至第 11 钩 7 道甩 14 辆，连结员在提钩时，调车长临时变更作业分工，对连结员说“你去 2 道准备南头铁鞋止轮，我自己牵出”。9 时 34 分，当作业到第 12 钩向 2 道推送 8 辆时，调车长确认 D4 信号开放，向司机显示起动信号。车列启动后，9 时 37 分调车长在军专线小道口处，从车列前第二辆上车时，由于没有抓稳蹬牢，身体跌落，双脚进入车组间，将两小腿轧断，构成一起职工责任重伤事故。

原因分析：

调车长在 7 道牵出时，严重违反规定，自己 1 人单独作业，而且在上车地点(军专线小道口处)路面有积冰的情况下，精力不集中，蹬上第二辆敞车时，没有站稳抓牢，导致身体跌落车下。违反了《铁路车站行车作业人身安全规定》中“上车前应注意脚蹬、车梯、扶手，平车、砂石车的侧板和机车脚踏板的牢固状态及上下车时，要选好地点，注意地面障碍物”的规定。

3. 运行中跨越车辆反面提钩跌落,造成人身伤害事故

2005 年 8 月 14 日 23 时 43 分,A 站运转三班一调准备解体 45452 次列车,调车作业计划 5＋25、10－3、9－1、7－3、9－1、7－4、6－10、8＋5、6－8(编组 45455 次列车)。8 月 15 日 0 时 20 分,当溜放作业到 3 钩 9－1 时,调车长显示溜放信号后,连结员发现车钩被铁线捆住,无法提钩,在未向调车长显示停车信号的情况下,在车辆走行的过程中,跨越车钩,准备去反面提钩时,不慎掉下,被车轮轧伤,造成双腿膝下截肢,构成责任职工重伤事故。

原因分析:

连结员严重违反了《铁路车站行车作业人身安全规定》中“在车列、车辆运行中,禁止进入线路提钩,摘结制动软管或调整钩位。”的规定。是造成这起事故的主要原因。

4. 没有抓牢跌落,造成人身伤害事故

2008 年 12 月 16 日 23 时 30 分,A 站一班二调编组 45342 次作业,作业计划:14＋5、6－5、11＋22、8－22 等共 15 钩。23 时 58 分,作业到第 3 钩 11＋22 辆牵出时,分工负责 8－22 辆溜放作业进行主体制动的 1 号制动员,就近登上了第 5 辆罐车,面朝车辆双手抓扶手站在车梯上。牵出过程中,4 号制动员用电台呼叫把 8 道车辆放远一些,运行至 2 号道岔区处时,1 号制动员准备用电台回话时手未抓牢车梯扶手,从车梯上掉下,右小腿被第六辆第一台车轧伤。

原因分析:

1 号制动员在车列牵出过程中图方便,提前登上第 5 辆车捎脚;同时,在听到组内人员呼叫后,使用电台回答时,精力不集中,左手没有抓牢扶手,导致滑落车底。违反了《铁路车站行车作业人身安全规定》中“严禁扒乘运行中的机车车辆,以车代步”的规定。

5. 没有抓牢跌落,造成人身死亡事故

2011 年 4 月 13 日 0 时 55 分,A 站六调作业至第 6 钩单机东郊二线(有效长 1 147 m,平道)挂 8 辆空敞车(两端人力制动机止轮)时,制动员负责检查二线车辆、撤除尾部车辆防溜及牵出后恢复机转 2 号道岔定位,00 时 58 分 07 秒牵出走行 371 m(最高速度 12 km/h),调车长预计尾部已越过机转 2 号道岔,但未听到制动员呼喊"减速、停车,恢复机转 2 号道岔定位",用对讲机呼叫制动员 3 次,没有应答,立即指挥机车停车。调车长顺线路往回寻找,发现制动员顺卧在机转 2 号岔前 70 m 处牵引运行左侧枕木头上,经抢救无效死亡。

原因分析:

制动员在调车作业中,在车梯上没有抓稳扶牢,身体失控面部朝下摔到线路上,造成胸部多处骨折,导致胸部脏器严重损伤致死。

6. 运行中跨越车辆跌落,造成人身伤害事故

2013 年 3 月 5 日 46602 次 4 时 59 分到达 A 站 6 道,14 辆,43193 次 5 时 13 分到达 A 站 4 道,32 辆。5 时 38 分,调车作业,执行第 9 号调车作业计划"6＋14、4＋32、7－19、4－13(编组 43193 次)、14－7、9－1…"。6 时 27 分,4－13 与 43193 次本务机车连挂后,机车带 14 辆牵出过程中,连结员在跨越机次第 7、8 位车辆时,从车上掉下(SⅢ信号机附近),左脚被车轮轧断,造成左小腿毁损伤,膝下被截肢。

原因分析:

连结员在车列运行中由车列左侧踩踏车辆端部丁字铁和车钩跨越到尾前 7 辆右侧端部踏板上,在转身登侧梯时左脚踩空,掉落车下。违反了《铁路车站行车作业人身安全规定》中"在车列、车辆运行中,禁止跨越车辆"的规定。

7. 未确认无移动可能进入车组间作业,造成人身伤害事故

2011 年 10 月 6 日,A 站运转车间四班四调担当夜班作业。19 时 10 分,调车长带领连结员开始执行接班后第一批调车作业计划(4调第[003]号),进行上行编发场(Ⅳ场)整理工作。19时26分,当作业至第2钩4道+26整理时,连结员按分工从3、4道间由南向北看4道车,发现机次第八、九位车辆顶钩未连挂,用无线电台通知调车长后,继续向北看车。19时36分,连结员听到调车长用无线电台呼叫"你过来一下",连结员由尾部向机车方向返回,看到调车长坐在3、4道间对应4道机次五、六位车辆连接处,右小腿已经被轧断,立即使用腰带对其受伤部位进行捆扎。

原因分析:

调车长在4道作业结束后向机车方向返回途中,在未确认3道原停留车无移动可能的情况下,盲目进入3道车组间作业,此时峰上二调解体向3道溜放的车组与3道原停留车连挂,导致车组移动,被移动车辆轧伤腿部。违反了《铁路车站行车作业人身安全规定》中"摘结软管、调整钩位、处理钩销、采取或撤除防溜措施时,必须等列车、车列(组)停妥"的规定。

8. 运行中上车踩空,造成人身伤害事故

2016年1月3日15时54分,A站3调车机(HXN5B0009)牵引6车辆空棚车在Ⅱ场1道牵出作业,制动员在机后第5位车辆上车时,踩空车梯,被车列拖行约2车距离后再次上车时,左脚不慎踏入1道峰尾2部位停车器制动轨与基本轨之间缝隙,造成左脚2—5趾不同程度受伤,构成铁路交通一般B2类人身重伤事故。

原因分析:

制动员作业中对和谐型机车起动加速度大预想不足,精力不集中,在Ⅱ场1道调车牵出作业上车时,发现车辆在提速,没有使用对讲机报告调车长要求减速,而是凭"蛮劲"上车,没有控制好身体平衡,踩空车梯。调车长在发现制动员被车列拖行后,仅呼叫司机"停车"和发出"停车"指令,没有呼叫司机紧急停车,导致司机未能采取紧急停车措施,造成拖行距离延长。

9. 没有站稳抓牢滑下造成人身伤害事故

2016 年 1 月 25 日 2 时 17 分，46451 次到达 A 站 3 道进行调车作业。3 时 26 分，当作业至第 3 钩推进 46 辆运行时，负责领车的 2 号连结员，被推进车辆轧伤左脚，经医院诊断为左足跖骨骨折，构成铁路交通一般 B2 类人身重伤事故。

原因分析：

连结员在没有完全上车的情况下汇报上车好了，因没有站稳抓牢滑下，左脚侵入车下，被推进车辆车轮轧伤。

10. 未确认无移动可能进入车组间作业，造成人身死亡事故

2013 年 3 月 15 日 4 时 58 分，A 站运转车间执行第 S022 号计划最后一钩作业Ⅳ场(上行编发场)14 道摘 1 辆，调车长安排制动员回行车室取送货票，自己领车到 14 道甩一辆。制动员因货票未到就到Ⅳ场 4、5 道南头等待下一批 S025 号作业，此时调车长通知制动员 4、5 道有溜放，但制动员在作业过程中违章进入车当被正在编组溜放的车列撞轧，构成铁路交通一般 B1 类人身死亡事故。

原因分析：

制动员在明知Ⅳ场 4 道未封锁，不确认是否有溜放作业，也不确认车列是否有移动可能的情况下，盲目进入车组间作业，造成溜放车组在与原停留车连挂移动时，被移动的车辆撞倒轧死，是事故发生的主要原因。违反了《铁路车站行车作业人身安全规定》中“摘结软管、调整钩位、处理钩销、采取或撤除防溜措施时，必须等列车、车列（组）停妥”的规定。

11. 违反“一站二看三通过”规定，造成人身死亡事故

2016 年 3 月 18 日 22 时 27 分，A 站 1 名连结员，在站内横越线路时被正在通过的 41102 次货物列车撞轧死亡，构成铁路交通一般 B 类事故。

原因分析：

该职工在站内行走时没有走行固定径路，横越线路时违反“一站二看三通过”规定，没有发现正在通过的列车而被撞身亡。违反了《铁路车站行车作业人身安全规定》中“横越线路时，应一站、二看、三通过，注意左右机车车辆的动态及脚下有无障碍物”的规定。

12. 违章钻车造成人身死亡事故

2016 年 3 月 28 日 6 时 49 分，A 站制动员，在作业结束返回途中，横越线路中停留的调车列时，违章从车底下钻车，被突然起动的调车列碾压致死，构成铁路交通一般 B 类事故。

原因分析：

该职工在作业结束后返回时，未执行同出同归制度，在横越停有车列的股道时违章从车钩下方钻车，被运行的车列碾轧致死。违反了《铁路车站行车作业人身安全规定》中“必须横越列车、车列（组）时，严禁钻车，应先确认该列车、车列（组）暂不移动，然后由车辆通过台或两车车钩上越过”的规定。

13. 异物侵限造成人身死亡事故

2016 年 4 月 6 日 20 时 40 分，A 站运转二班开始执行第 A001 号调车作业计划。23 时 01 分，作业至最后 1 钩南支货场 1 道推送 10 辆，领车连结员站在推进车列最前端车辆（JSQ57300153）2 位端右侧的车梯上，车列由西往东以 8 km/h 的速度推进运行时，一辆货车突然侵入限界，导致领车连结员被刮擦挤压，二钩连结员发现后立即拨打 120 急救电话，经急救医生现场抢救无效死亡，构成铁路交通一般 B1 类人身死亡事故。

原因分析：

检查线路制动员检查不认真、领车连结员瞭望不认真，对可能发生的异物侵限没有提前控制。

14. 没有确认无移动可能进入车组间作业，造成人身伤害事故

2016年4月14日23时14分，A站编组场车间运转二组四调3号制动员，在执行2011单调车作业计划第1钩编组场24＋23进入线路作业时，违章进入24道连结第7、8位车辆软管，驼峰二调执行1012单计划第13钩24－7溜放车组连挂24道停留车列，造成停留车列向前移动，3号制动员被移动车列碰倒后，车辆下垂配件刮伤其右腿，车辆轮缘与钢轨头内侧面夹角夹伤其右手指，造成调车作业人员人身伤害事故。

原因分析：

3号制动员进入车列作业前，没有确认无移动可能。违反了《铁路车站行车作业人身安全规定》中"摘结软管、调整钩位、处理钩销、采取或撤除防溜措施时，必须等列车、车列（组）停妥"的规定。

15. 未站稳抓牢滑落，造成人身伤害事故

2016年9月4日14时57分，A站运转一车间丙班9调执行第A21号调车作业计划，作业至下行编组场37道挂42辆转场，牵出走行600 m左右时，扒乘在车列尾部二位车辆(C64K4902138)的制动员未抓牢站稳滑落地面，导致右脚趾被车辆轧伤，构成铁路交通一般B2类人身重伤事故。

原因分析：

制动员在调车作业过程中随意移动扒乘位置，在车列运行过程中，由于自己感觉扒乘位置过低，向上位移时手未抓牢车梯，脚踩空，在不慎跌落车辆后，未能及时正确使用"紧急停车键"，仅利用通讯设备呼喊司机停车，造成车列继续向前行驶一段距离后方才停车。

16. 未站稳抓牢滑落，造成人身死亡事故

2016年11月21日17时06分，A站运转车间三班调车组执行第 Z03 号调车作业计划，作业至第 8 钩机车牵引 24 辆车向西牵出线牵出时，位于机后第 20 位平车车梯上的制动员从车梯上坠落，被机后第 21 位车辆车轮碾轧致死，构成铁路交通一般 B1 类人身死亡事故。

原因分析：

制动员调车作业扒乘车辆过程中未站稳抓牢。调车长发出动车指令前，未发现本调车组人员扒乘不便于扒乘的平车，未进行提醒互控。

连结员实训考核方案

连结员实训考核内容包括：观距、观速、检查线路车辆、摘结软管作业、防溜作业、手信号显示、人力制动机制动、静止上鞋、铁鞋制动和车辆技术检查等内容。

一、考核准备

（一）观距

1. 静观距

准备两面高 1.5 m，0.75 m 见方的标牌，分别放置两个不同位置，由连结员分别预测距离，要求在 2 min 内将三个目标距离填写考评单并上交考评员，考评员收齐考评单后，使用测距仪分别测量标牌的距离。

2. 动观距

学员携带 3 个沙袋上车，推进或连挂时，学员在机车车辆运行前部以掷沙袋方法，分别将沙袋投掷在判断距停留车十车、五车、三车位置。由教师使用米尺对沙袋落地时产生的白点进行测量，计算出误差。

（二）观速

1. 静观速

利用调车作业时间，在指定某一机车或车辆经过设定的位置进行测速，如机车或车辆经过一根钢轨的长度或某一个车辆经过一个钢轨接头等方式，调车人员在 1 min 内填写测速考评单，同时考评员利用测速仪对运行的车辆进行测速。

2. 动观速

利用牵出作业过程，考评员使用电台通知随车调车人员，在经过指定位置时，报告车列运行速度，考评员在指定位置使用测速仪对运行速度进行测量。

（三）检查线路车辆

考评员对检查线路随机设置故障，具体设置项点如下：

非集中区将尖轨与基本轨之间放置异物；将岔尖粘贴分色纸（代表岔尖有断裂或裂痕）；将护轮轨或辙叉心有害空间放置异物；在钢轨头部外侧用白色粉笔划一条 1 m 长的线（表示线路下沉）；在钢轨头部外侧用白色粉笔划一条 1 m 长的波浪线（表示钢轨弯曲）；在线路上放置石子、木方等异物；把木条或棍插在线路中心（表示有防护牌）；有脱轨器的线路将脱轨器处于遮断状态；道口轮缘槽放置异物；大门开启将挂钩摘下；可将机动车移动到安全距离附近不熄火等。

考评员对检查车辆随机设置故障，具体设置项点如下：

将连挂端车钩锁闭；将连挂良好的车钩提开；将连接好的软管摘开，去掉胶圈；关闭折角赛门或半关；关闭截断赛门或半关；将车钩中心线用分色纸粘贴（代表车钩高度差超过 75 mm）；将防溜铁鞋离开车轮踏面；将防溜人力制动机松开（或不紧或将棘锤抬起）；将非防溜人力制动机拧紧；将车辆大档（小档、走行部下）放置石子等物（代表障碍物）；在车轮踏面与钢轨接触处使用白色粉笔划“×”（表示车轮脱轨）；在车轮踏面明显处粘贴 20 cm 长 5 cm 宽的透明胶带（表示车轮生锈或车轮沾有异物，能造成轨道电路分路不良）。

(四)摘结软管

考评员将连接好的软管摘开,随机将胶圈去掉。

(五)防溜作业

选择作业条件宽敞的车辆,调车人员分别使用端闸和勒闸的方式拧闸。

(六)手信号显示

准备信号旗和信号灯、计时秒表;昼间和夜间各显示 5 个信号。

(七)人力制动机制动

为每名连结员准备 3 辆适合人力制动机制动的若干车辆。

(八)静止上鞋

准备 10 只制动铁鞋,摆放在静止上鞋场地的钢轨一侧或放在无作业干扰的一段线路;在距钢轨头部外侧 800 mm、距轨面高 850 mm 处挂一 10 m 长水平线。

(九)铁鞋制动

按规定设置足够数量的铁鞋台,并摆放良好的制动铁鞋,准备空重不同的车辆,供连结员铁鞋制动使用。

(十)车辆技术检查

准备敞车、棚车、罐车共 3 辆车供学员检查、处理故障使用。

二、实作考评(参考)

1. 连结员观距实作考评表

单位：　　　　　　　　　　　　考评日期：　　　　　　　　　　　　学号：

<table>
<tr><td>姓　名</td><td></td><td>性　别</td><td></td><td>年龄</td><td></td><td>职　名</td><td></td></tr>
<tr><td colspan="8">考评项目(满分 100 分,60 分及格)</td></tr>
<tr><td colspan="4">静观距</td><td colspan="4">动观距</td></tr>
<tr><td>次数</td><td>测试距离</td><td>实际距离</td><td>得分</td><td>次数</td><td>测试距离</td><td>实际距离</td><td>得分</td></tr>
<tr><td>第 1 次</td><td></td><td></td><td></td><td>第 1 次</td><td></td><td></td><td></td></tr>
<tr><td>第 2 次</td><td></td><td></td><td></td><td>第 2 次</td><td></td><td></td><td></td></tr>
<tr><td></td><td></td><td></td><td></td><td>第 3 次</td><td></td><td></td><td></td></tr>
<tr><td>考评得分</td><td colspan="7"></td></tr>
<tr><td>考评人</td><td colspan="7"></td></tr>
<tr><td>考核标准</td><td colspan="7">静观距 2 次,动观距 3 次,距离误差在 10%及以内时,得 20 分,误差在 15%及以内时,得 10 分,误差超过 15%时,不得分</td></tr>
</table>

注：注：补考合格的成绩，在考评得分栏标注补考次数后再填写成绩，补考合格成绩为 60 分。

2. 连结员观速实作考评表

单位： 考评日期： 学号：

姓　名		性　别		年龄		职　名	
考评项目(满分 100 分,60 分及格)							
静观速				动观速			
次数	测试速度	实际速度	得分	次数	测试速度	实际速度	得分
第 1 次				第 1 次			
第 2 次				第 2 次			
考评得分							
考评人							
考核标准	静观速 2 次,动观速 2 次,每次误差在 10%及以内时,得 25 分,误差在 15%及以内时,得 15 分,误差超过 15%时,不得分						

注:注:补考合格的成绩,在考评得分栏标注补考次数后再填写成绩,补考合格成绩为 60 分。

3. 连结员摘结软管实作考评表

单位： 考评日期： 学号：

姓名		性 别		年龄		职 名	

考评项目(满分100份,60分及格)			
序号	考评项点	考评减分	考核标准
1	作业前提问		摘不开软管、连接不上软管如何处理？回答：正手摘不开反手摘，正面接不上反面接。一项回答不上来考评－10分，两项回答不上来考评－20分
2	作业准备		右腿在前左腿在后，右腿在线路内左腿在线路外。两腿同时在线路内本项考评为0分
3	摘管作业		摘管前不关两端折角赛门本项考评为－20分，摘管没有护管动作本项考评为－40分，护管动作不规范－20分，30 s内摘不开软管本项考评为0分
4	接管前检查		接管前不检查对面和自身侧胶圈状态良好考评－20分，胶圈有问题检查未发现－20分，30s内接不上软管本项考评为0分
5	接管作业		接管后不开两端折角赛门考评－20分，接管动作不标准－10分
考评得分			
考评人			

注：补考合格的成绩，在考评得分栏标注补考次数后再填写成绩，补考合格成绩为60分。

4. 连结员防溜作业实作考评表

单位：　　　　　　　　　　　　考评日期：　　　　　　　　　　学号：

姓名		性　别		年龄		职　名	
考评项目(满分100份,60分及格)							
序号	考评项点	考评减分	考核标准				
1	上下车过程		没有做到“上车先挂钩,下车先摘钩”本项考评不得分,不把扶手摘挂安全钩－20分,在站台上双手同时离开扶手、闸盘和车帮,不把扶任何牢固物体－20分,下车不在最下面脚蹬下车－20分				
2	使闸过程		不会使用端闸－20分,不会使用勒闸－20分,端闸和勒闸手法不正确－10分				
3	上闸作业		上闸前不检查制动活塞处和闸杆处闸链各－20分,链子闸不缠闸链－10分。上闸后不检查闸杆和制动活塞处闸链各－20分				
4	撤闸作业		撤闸时不将闸链全部松开－20分,下车后不将闸链轮轴推动－10分				
考评得分							
考评人							

注：补考合格的成绩，在考评得分栏标注补考次数后再填写成绩，补考合格成绩为60分。

5. 连结员检查线路车辆实作考评表

单位：　　　　　　　　　　　考评日期：　　　　　　　　　学号：

<table>
<tr><td>姓名</td><td></td><td>性　别</td><td></td><td>年　龄</td><td></td><td>职　名</td><td></td></tr>
<tr><td colspan="8">考评项目(满分 100 分,60 分及格)</td></tr>
<tr><td>故障项目</td><td colspan="6">减分原因</td><td>考评减分</td></tr>
<tr><td></td><td colspan="6"></td><td></td></tr>
<tr><td></td><td colspan="6"></td><td></td></tr>
<tr><td></td><td colspan="6"></td><td></td></tr>
<tr><td></td><td colspan="6"></td><td></td></tr>
<tr><td></td><td colspan="6"></td><td></td></tr>
<tr><td>考评得分</td><td colspan="7"></td></tr>
<tr><td>考评人</td><td colspan="7"></td></tr>
<tr><td>设置故障</td><td colspan="7">尖轨与基本轨之间有异物;岔尖有断裂或裂痕;护轮轨或辙叉心有害空间有异物;线路下沉;钢轨钢轨弯曲;线路有异物;有防护牌;脱轨器遮断状态;轮缘槽有异物;大门挂钩不牢;机动车在安全距离附近不熄火。
车钩高度差超过 75 mm;车轮脱轨;车轮生锈或车轮沾有异物;铁鞋尖端与车轮踏面有间隙;掣轮锤抬起;闸链松弛;连挂端车钩锁闭;车辆行程紧;带闸;车下有障碍物;软管摘开;缺少胶圈;车钩被提开;关门车;最后一辆折角赛门打开等</td></tr>
<tr><td>考核标准</td><td colspan="7">考评员固定设置 5 处故障,作业人员发现故障应及时向考评员报告,根据考评员的指示处理各处故障。每处未发现－20 分。接管不检查胶圈状态、钩锁铁不落锁接管各－20 分</td></tr>
</table>

注:注:补考合格的成绩,在考评得分栏标注补考次数后再填写成绩,补考合格成绩为 60 分。

6. 连结员手信号实作考评表

单位：　　　　　　　　　　　　考评日期：　　　　　　　　　　学号：

<table>
<tr><td>姓　名</td><td></td><td>性　别</td><td></td><td>年　龄</td><td></td><td>职　名</td><td></td></tr>
<tr><td colspan="8">考评项目（满分 100 份，60 分及格）</td></tr>
<tr><td colspan="2">昼间手信号</td><td>考评减分</td><td colspan="3">夜间手信号</td><td colspan="2">考评减分</td></tr>
<tr><td>1</td><td></td><td></td><td>1</td><td colspan="2"></td><td colspan="2"></td></tr>
<tr><td>2</td><td></td><td></td><td>2</td><td colspan="2"></td><td colspan="2"></td></tr>
<tr><td>3</td><td></td><td></td><td>3</td><td colspan="2"></td><td colspan="2"></td></tr>
<tr><td>4</td><td></td><td></td><td>4</td><td colspan="2"></td><td colspan="2"></td></tr>
<tr><td>5</td><td></td><td></td><td>5</td><td colspan="2"></td><td colspan="2"></td></tr>
<tr><td colspan="2">考评得分</td><td colspan="6"></td></tr>
<tr><td colspan="2">考评人</td><td colspan="6"></td></tr>
<tr><td colspan="2">考核标准</td><td colspan="6">随机抽选 5 个昼间手信号和 5 个夜间手信号，每个手信号 10 分。3 s 之内未显示不得分；显示错误不得分；显示不标准−5 分</td></tr>
</table>

注：补考合格的成绩，在考评得分栏标注补考次数后再填写成绩，补考合格成绩为 60 分。

7. 连结员人力制动机制动实作考评表

单位：　　　　　　　　　　　　考评日期：　　　　　　　　　　　　学号：

姓名		性　别		年龄		职　名	
考评项目(满分 100 分,60 分及格)							
人力制动机制动		减分原因				考评减分	得分
	1 次						
	2 次						
	3 次						
考评得分							
考评人							
考核标准	平面溜放或驼峰解体，溜放 3 组车(分别为 5 辆、3 辆、1 辆)，取三次平均成绩。与停留车辆连挂不倒棒得 100 分;倒棒且不超速、与原停留车 1 m 及以内减 40 分;与原停留车大于 1 m、倒棒且超速 41 分						

注：补考合格的成绩，在考评得分栏标注补考次数后再填写成绩，补考合格成绩为 60 分。

8. 连结员静止上鞋实作考评表

单位：　　　　　　　　　　考评日期：　　　　　　　　　　学号：

<table>
<tr><td>姓名</td><td></td><td>性别</td><td></td><td>年龄</td><td></td><td>职　名</td><td></td></tr>
<tr><td colspan="8">考评项目(满分 100 分,60 分及格)</td></tr>
<tr><td rowspan="4" colspan="2">静止上鞋</td><td colspan="2">时间
次数</td><td>8 s
以外</td><td>8 s
及以内</td><td>7 s
及以内</td><td>6 s
及以内</td></tr>
<tr><td colspan="2">1 次</td><td></td><td></td><td></td><td></td></tr>
<tr><td colspan="2">2 次</td><td></td><td></td><td></td><td></td></tr>
<tr><td colspan="2">3 次</td><td></td><td></td><td></td><td></td></tr>
<tr><td colspan="2">考评得分</td><td colspan="6"></td></tr>
<tr><td colspan="2">考评人</td><td colspan="6"></td></tr>
<tr><td colspan="2">考核标准</td><td colspan="6">静止上鞋每人考核三次,取最好一次成绩,6 s 及以内得 100 分,7 s 及以内得 80 分,8 s 及以内得 60 分,8 s 以上得 0 分</td></tr>
</table>

注:补考合格的成绩,在考评得分栏标注补考次数后再填写成绩,补考合格成绩为 60 分。

9. 连结员铁鞋制动实作考评表

单位：　　　　　　　　　　考评日期：　　　　　　　　　　学号：

<table>
<tr><td>姓　　名</td><td></td><td>性　别</td><td></td><td>年　龄</td><td></td><td>职　名</td><td></td></tr>
<tr><td colspan="8">考评项目(满分 100 分,60 分及格)</td></tr>
<tr><td rowspan="4">铁鞋制动</td><td></td><td colspan="4">减分原因</td><td>考评减分</td><td>得分</td></tr>
<tr><td>1 次</td><td colspan="4"></td><td></td><td></td></tr>
<tr><td>2 次</td><td colspan="4"></td><td></td><td></td></tr>
<tr><td>3 次</td><td colspan="4"></td><td></td><td></td></tr>
<tr><td>考评得分</td><td colspan="7"></td></tr>
<tr><td>考评人</td><td colspan="7"></td></tr>
<tr><td>考核标准</td><td colspan="7">驼峰解体,溜放 3 组车(分别为 5 辆、3 辆、1 辆),取三次平均成绩。与停留车辆连挂不倒棒及与原停留车 1 m 及以内,得 100 分;与原停留车大于 1 m 每增加 1 m 及以内减 5 分</td></tr>
</table>

注:补考合格的成绩,在考评得分栏标注补考次数后再填写成绩,补考合格成绩为 60 分。

10. 连结员车辆技术检查实作考评表

单位：　　　　　　　　　　　　考评日期：　　　　　　　　　　学号：

姓　名		性别		年龄		职　名	

考评项目(满分 100 分,60 分及格)		
检查项点	检查标准	考评减分
定检	空车定检不过期(回送检修车除外)	
车门 车门锁闭装置	车门锁闭装置配件无破损、丢失;门板无脱落、破损或腐蚀穿孔不超限;罐车顶部走板、防护栏无脱落、窜出;卡带、人孔盖及螺栓配件齐全;底开门关闭良好	
车体侧梁 车体侧墙板	车体倾斜外涨不超限,脚蹬、车梯扶手弯曲不超出车辆限界	
上侧梁	上侧梁无折断	
上端梁	敞车上端梁无折断	
端墙	端板破损腐蚀不超限	
角柱	角柱无裂损	
承载鞍	承载鞍无错位	
枕簧	枕簧无折断、窜出、丢失	
车钩 车钩缓冲装置	车钩缓冲装置钩体无裂损,钩舌销无折断、丢失;从板座及冲击座铆钉无折断、丢失	
钩提杆座	钩提杆座无裂损;钩提杆及链齐全、作用良好	
制动装置配件	制动装置配件齐全、无破损	
闸瓦 闸瓦插销吊环	闸瓦、闸瓦插销无折断、丢失,闸瓦插销吊环无丢失	
交叉支撑装置	交叉支撑装置盖板及交叉杆无变形、弯曲、折断	
折角塞门	折角塞门、制动软管总成无破损	
车轮	车轮轮缘垂直磨耗、内侧缺损不超限;踏面无碾堆,踏面擦伤、剥离、局部凹下、缺损、圆周磨耗不超限;轮缘厚度、轮辋厚度不超限;辐板孔边缘径向无裂纹,周向裂纹不超限;轮辋无破损	
考评得分		
考评人		

续上表

考核标准	学员向考评员报告车辆各部件名称(三辆车各部件名称不需重复报告),并说出容易出现非正常问题现象。漏报部件名称1项—5分(该部件分值全扣),非正常问题现象未说明—3分,非正常问题现象不完整—2分(车辆部件名称见车辆技术检查实作考评表)

注:补考合格的成绩,在考评得分栏标注补考次数后再填写成绩,补考合格成绩为60分。

注:每项考核达不到合格成绩要进行补考,补考次数各考评部门自定,在考核得分栏标注补考次数后再填写补考成绩,补考合格的成绩不能超过规定的合格成绩。各考核项目根据实际作业需要确定,考核总成绩=考核项目总成绩/考核项目数。